公開霊言

外交評論家

岡崎久彦 後世に贈る言葉

RYUHO OKAWA

大川隆法

まえがき

文科省の扉が閉じると、外務省の扉が開くといったところか。先月末、今世の使命を全《まっと》うされた、元・外交官にして、高名な外交評論家の岡崎久彦先生から「後世《こうせい》に贈る言葉」を頂いた。タイミングとしても、とても良い時機だと思う。

識者といわれる方々は、この三十年間、結構、私の著書を読んで下さっている。岡崎先生も、比較的早い時期から、外交思想に関しては、私のことを後事《こうじ》を託せるに足るとお考え下さっていたようだ。タクシーで乗りつけて来られては、近隣の小講堂で、私が名誉塾長をやっている『HS政経塾』（政治家や財界人の卵を三年間養成する若手社会人のための塾）で外交問題の講師をやって下さっていた。

今、政界では、安倍総理が外交日程を終えるや否や衆院解散を打ち出されて大騒ぎだ。アベノミクスで3%成長が達成されないのが確認されないうちに、財務省増税派を抑え込んで、次の政治課題解決への体力を温存しようとする戦略だろう。解散に大義ありとは言いかねるが、勝負師としての勘なのだろう。

二〇一四年　十一月十九日

幸福《こうふく》の科学《かがく》グループ創始者兼総裁《そうししゃけんそうさい》　大川隆法《おおかわりゅうほう》

外交評論家・岡崎久彦 ——後世に贈る言葉—— 目次

外交評論家・岡崎久彦《おかざきひさひこ》
――後世に贈《おく》る言葉――

二〇一四年十一月十八日　収録
東京都・幸福の科学総合本部にて

「霊言現象《れいげん》」とは、あの世の霊存在の言葉を語り下ろす現象のことをいう。これは高度な悟《さと》りを開いた者に特有のものであり、「霊媒現象《れいばい》」（トランス状態になって意識を失い、霊が一方的にしゃべる現象）とは異なる。

なお、「霊言」は、あくまでも霊人の意見であり、幸福の科学グループとしての見解と矛盾《むじゅん》する内容を含《ふく》む場合がある点、付記しておきたい。

外交評論家・岡崎《おかざき》久彦《ひさひこ》
―後世に贈《おく》る言葉―

二〇一四年十一月十八日　収録
東京都・幸福の科学総合本部にて

岡崎久彦《おかざきひさひこ》（一九三〇～二〇一四）

外交評論家・政治評論家。元外交官。東京大学法学部在学中に外交官試験に合格し、一九五二年、中退して外務省へ入省。八二年に外務省調査企画《きかく》部長、八四年に情報調査局長、駐《ちゅう》サウジアラビア大使、八八年に駐タイ大使等を歴任。親米保守派の評論家の一人であった。八三年に発刊されたロングセラー『戦略的思考とは何か』等、著書多数。

質問者　※質問順

綾織次郎《あやおりじろう》（幸福の科学上級理事 兼《けん》「ザ・リバティ」編集長）

立木秀学《ついきしゅうがく》（幸福の科学理事 兼 ＨＳ政経塾《せいけいじゅく》塾長）

藤井幹久《ふじいもとひさ》（幸福の科学国際本部国際政治局長）

［役職は収録時点のもの］

1　死後三週間の外交評論家・岡崎久彦《おかざきひさひこ》氏を招霊《しょうれい》する

「岡崎《おかざき》氏の外交思想を引き継《つ》ぐ者」と目《もく》された大川隆法

大川隆法　今年（二〇一四年）の年頭に岡崎久彦《おかざきひさひこ》さんの守護霊《しゅごれい》から霊言《れいげん》を頂きましたが（『日本外交の盲点《もうてん》』〔幸福の科学出版刊〕参照）、ついこの前の十月二十六日、八十四歳《さい》で亡《な》くなられました。

この方は、安倍《あべ》首相のアドバイザーをされていましたが、実は、幸福の科学グループにおいても、HS政経塾《せいけいじゅく》（政治家・企業家《きぎょうか》を輩出《はいしゅつ》するための社会人教育機関）の講師をお願いしていた方です。どのくらいのお気持ちだったかは分かりませんけれども、HS政経塾、幸福実現党を陰《かげ》ながら応援《おうえん》してくださっていたのではないかと思います。

一九三〇年生まれで、八十四歳で亡くなられましたが、同年代に言論人が何人かいらっしゃいます。渡部昇一《わたなべしょういち》先生や日下公人《くさかきみんど》先生はご健在で、今も発言をなされているので、心強く思っておりますが、竹村健一《たけむらけんいち》先生はまだご健在ではあるものの、あまり発言もなされなくなってきていますし、谷沢永一《たにざわえいいち》先生もすでにお亡くなりになりました。八十代半《なか》ばなので、順番なのかもしれませんが、少し寂《さみ》しい感じはいたします。

ありがたいことに、このあたりの保守の言論人のみなさまがたは、私のことをかなり引き立ててくださり、いろいろと陰日向《かげひなた》なくご支援くださっていました。

岡崎さんは外交官をご経験され、その後、外交評論家としてもご活躍《かつやく》だった方であり、直接お聞きしたわけではないものの、「言論を物する人間として、外交思想的に自分の考え方を引き継《つ》ぐのは、おそらく大川隆法だろう」というようにお考えになっていたのではないかと思うのです。

それ以外にも、政治思想、経済思想、経営思想、宗教思想など、いろいろな思想があるので、全部ではありませんが、おそらく、「自分の考え方について、外交思想的には後を託《たく》せる人ではないか」とお考えくださっていたのではないかと、私は感じております。

そのあたりは以心伝心《いしんでんしん》のようなもので、お互《たが》いにビビッと分かるものがありました。

軍事の勉強を進めて見えてきた対米追随《ついずい》派たちの真意

大川隆法　私は、若いときから考え方がずっと同じだったわけではなく、学生上がりのころには、当時、外務省の主流だった対米追随《ついずい》派の人たちに、若干《じゃっかん》の意見を持っていたこともありました。

外務次官や駐米《ちゅうべい》大使になるようなタイプの方々は、みな、だいたい、「もう何もする必要はないんだ。アメリカに赴任《ふにん》したら、あとは麻雀《マージャン》でもやっているほうがましなんだ」というようなことばかりお考えであるのを、私も何度か聞いたことがあり、「もうちょっとまともに仕事をしろ」と言いたくなるようなところが多かったのです。

いちばん優秀《ゆうしゅう》な方々が、「下手な外交交渉《こうしょう》などせず、麻雀でもやっているほうがいい。あとは、アメリカさんの言うとおりにやっているのがいちばんいいんだ」といった考えを言うのですが、あまりに気概《きがい》がないので、私も若いときには、「情けないやつだな。ちょっと気合いを入れてやらないといかんかな」などと思っていたこともあります。

ただ、国際政治の奥《おく》には軍事もあるため、その後、自分でも軍事関係の勉強をだいぶ進め、海戦、海での戦い方の研究やシーレーンの研究、その他、いろいろと学んでいった結果、「結論的には、彼らもある意味で正しかったんだな」ということが分かるようになりました（笑）。

「なるほど、本当だ。『下手な外交をしてチョンボをするよりは、麻雀でもやっていたほうが国のためになる』というのは、結果的にはそういうことだったんだな」

ということが、若干、分からなくもない気がしてきたわけです。

それは、〝手抜《てぬ》き〟と言えば〝手抜き〟ですが、「結論が見えていた」というところもあるのではないでしょうか。もちろん、岡崎さんはそれほど単純な方ではありませんし、いろいろな勉強をなされた結果、到達《とうたつ》していた結論だったと思います。

一方、以前、民主党政権のときの総理だった鳩山由紀夫《はとやまゆきお》氏が辞《や》めたころの言葉のなかに、「抑止力《よくしりょく》の勉強をした」など、少々意外なものが幾《いく》つかあり、「シーレーン」もあまりよく知らなかったらしいということが分かりました。このあたりは、やはり、深く勉強をしていないと分からなかったところでしょう。私は、いちおう宗教家ということになってはいるものの、そのあたりの考え方が非常によく分かるのです。

その意味で、言論を物する者として、岡崎さんは、「こういう考え方を、幸福の科学に遺伝子的につないでおきたい」とお考えになり、大して名誉《めいよ》にも金にもならない幸福の科学のために、少し努力してくださったのではないかと考えています。

まあ、一年のうちに「守護霊霊言」と「本人霊言」の両方が来るとは、私も思っていなかったのですけれども（笑）。

帰天《きてん》から三週間たった岡崎氏から「後世に贈《おく》る言葉」を頂きたい

大川隆法　亡くなってから三週間ぐらいになりますので、そろそろ〝いいころ〟ではないでしょうか。亡くなった直後だと、生前とあまり変わらなかったでしょうが、ぼちぼち、あちらの世界での経験を積まれ、その後の地上での外交事情も少し見られたのではないかと思います。昨日、安倍首相が外遊から帰ってきたところでもあります。

先般《せんぱん》、集団的自衛権行使容認の閣議が通ったときに、テレビに出た岡崎さんが満面の笑みでニコニコとしながらインタビューを受けておられるのを見て、「まだお元気なんだ」と思っていたのですが、ご本人としては、それでだいたい使命が終わったとお考えになったのかもしれません。

ただ、後世に贈《おく》る何らかの言葉を、幾つか頂いてもよろしいのではないでしょうか。おそらく、日本には数千や万の単位で霊能者がいると思いますが、岡崎さんのような人が出てよい場所が、それほどあるとは思えません。「沖縄《おきなわ》の基地が問題だから」といっても、沖縄のユタのところに出たり、今はかなり〝絶滅危惧種《ぜつめつきぐしゅ》〟になっている青森のイタコのところに出たりするわけにもいかず、出てもよいのは私のところぐらいしかないでしょう。

そのようなわけで、あの世のお方も、この世にメッセージを託したいこともありますので、何らかのお役に立てばありがたいと考えています。

亡くなってから三週間ぐらいの方ではありますが、幸福の科学グループのＨＳ政経塾のほうで塾生を教えてくださっていたほどの方であり、あの世の存在や宗教的な感覚も十分にお分かりのことだと思いますので、あまり心配はないのではないかと考えています。

三週間で天上界《てんじょうかい》の〝極秘《ごくひ》情報〟までつかんでいるかどうかは、やや疑問ではありますが、自分の人生をレビューしたり、今後について何か感じているものがあったりするかもしれません。あるいは、何か一つや二つは、まだ一度も聞いたことがないようなことも明かしてくださるかもしれないと思っています。

そういうことですので、よろしくお願いします。

岡崎久彦氏の霊《れい》を招霊《しょうれい》し、「未来への道」を訊《き》く

大川隆法　（会場の聴衆《ちょうしゅう》に）本日は、生前の岡崎さんをご存じの方や、直接お話を聴《き》いたことのある方も数多くいるのではないかと思います。

では、そういうことを前置きにして、入りたいと思います。

テーマは特に細《こま》かく決めませんので、話の流れのなかで決め、いろいろと投げかけてみてください。詳《くわ》しいところも、あまり答えられないところも、両方おありになるかとは思いますけれども、ものは試《ため》しですので、いろいろなことを訊《き》いてみてもよいのではないでしょうか。

（質問者に）はい、行きますか。

それでは、去る十月二十六日、八十四歳で亡くなられた高名《こうめい》な外交評論家・岡崎久彦さんの霊《れい》をお呼びし、幸福の科学総合本部にて公開霊言をいたしたいと思います。

岡崎久彦さん、ご生前は、さまざまなご協力、ご指導を頂きまして、まことにありがとうございました。

本日、私どもがまた無理なお願いをいたしますが、あの世に還《かえ》られてからの第一声をぜひとも賜《たまわ》りたく、お願い申し上げます。

数日前から何度も私のところにいらしていますので、何か言いたいことがあるのではないかと感じています。

今日は、みな、十分に存じ上げている方でありますので、どうぞ、忌憚《きたん》のないご意見を述べてくだされば幸いかと思います。

外交評論家・岡崎久彦氏の霊よ、どうぞ、幸福の科学総合本部に降りたまいて、われらに、これからの日本人や世界の人々に贈る言葉をお伝えくださいますよう、心の底よりお願い申し上げます。

岡崎久彦さんの霊よ、どうか、幸福の科学総合本部に降りたまいて、われらに未来への道を説きたまえ。ありがとうございます。

（約五秒間の沈黙《ちんもく》）

2　解散を決めた安倍《あべ》総理の心理とは

ご機嫌《きげん》な様子で現れた岡崎久彦氏の霊《れい》

岡崎久彦　ハッ……。ゴホン、ゴホン（咳《せき》）。うーん。

綾織　こんにちは。

岡崎久彦　アッハッハッハッハ（笑）。こんな立場になっちゃった。ハハハハ（笑）。

綾織　地上で最後のご挨拶《あいさつ》が……。

岡崎久彦　お笑いだねえ。ええ？　まあ、君たちの仕事は、生前も死後も続くんだ。繰《く》り返し……。

綾織　そうですね。

岡崎久彦　引き続きＨＳ（政経塾《せいけいじゅく》）の顧問《こもん》、講師をやったほうがいいのかなあ。アッハハハ。

立木　ぜひ、可能でしたらお願いいたします。

岡崎久彦　まあ、「考える力」はあるよ。〝脳みそ〟がなくても考えられるよ。今の科学観は間違《まちが》いだからねえ（笑）。

綾織　非常にお元気なご様子ですけれども。

岡崎久彦　まあ、比較《ひかく》的ご機嫌《きげん》だね。アッハッハ（笑）。

綾織　お亡《な》くなりになってから、三週間ぐらいたっています。

岡崎久彦　まあ、君たちのご利益《りやく》も十分にあって、死んでから迷うことも、苦しむこともなくて、何だか意外にご機嫌なあの世でござる。

綾織　そうでございますか。

岡崎久彦　ああ。あの世も悪いところじゃないよ。まあ、早く来いよ。

綾織　いえいえ（苦笑）（会場笑）。

岡崎久彦　そんな悪くないよ。そんな悪くないよ。ハッハッハッハ（笑）。

解散を決めた安倍《あべ》首相は「辞《や》めても、もう本望《ほんもう》だ」と思っている？

綾織　岡崎先生の場合は、まさに「ご自身の使命を果たされて亡くなった」というかたちになっていると思います。

岡崎久彦　まあな。もう、だいたい終わったわなあ。だいたいすることもないからさあ。

安倍《あべ》さんも、「集団的自衛権」をやって、あと海外を飛び回って、やるだけのことはやったからさあ。今、解散云々《うんぬん》でまた騒《さわ》いでいるんでしょう？　けど、本人も……、あ、これは早く言っちゃいけないの？　早すぎるかなあ。ちょっと早すぎるかなあ。

まあ、本人も若いうちに一回総理をやってさ、早めに終わった。一年ぐらいで終わっちゃって、まさかの二回目の登場で、今年でだいたい二年になるわなあ。二年やれて、外交で世界各地を飛び回って、かなりきつかっただろうけどなあ。

解散を決めるということは、「もし辞《や》めても、もう本望《ほんもう》だ」と思っているんじゃないかな。

綾織　そういう感覚なのですか。

岡崎久彦　たぶん、やるべきことはやったんじゃないかなあ。

みんなが「引き続いてやれ」と言うなら、やってもいいけど、投票結果を見て、支持が低くて、「もうええよ」と言うなら、それでも十分やったかなあという気持ちかな。

（安倍総理は、祖父の）岸信介《きしのぶすけ》がやった安保継続《あんぽけいぞく》の決断みたいなものは、自分も似たような経験をしたたし、第二回目は、佐藤栄作大叔父《さとうえいさくおおおじ》にまねて、長期政権を目指したところもあるんだろうとは思うけど、意外に九月ごろから躓《つまず》きも出て、「長期は無理なのかなあ」と感じたところもあったのかなあ。

でも、死ぬ気で外交をやったから、本人としては本望なのかな。

綾織　実際、地上にいたときの岡崎先生も、「集団的自衛権の行使容認まで持っていけば、ほぼ憲法改正に近いものなのだ」ということをおっしゃっていました。もし、そうだとするならば、安倍首相には「十分やり切った」という感覚が一部あるということですか。

岡崎久彦　うん。だから、「二回の消費税増税をやって、憲法改正までは、残念ながら行きつけないのかなあ」という気持ちにはなってきているのかなあ。

力が尽《つ》きて「継戦《けいせん》能力」の問題が起きている安倍《あべ》政権

綾織　逆に言うと、「今後、明確にこれをやっていこう」というものがなくなってきていると言ってもいいのですか。

岡崎久彦　うーん。というか、力が尽《つ》きてきつつはあるわなあ。空中給油機で燃料を入れてもらえないと、もう飛べない感じかなあ。周りからバラバラと問題が浮《う》いて、燃料が抜《ぬ》けて落ちてきている感じかなあ。

綾織　ただ、私たちから見ると、自分のほうから、あえて〝燃料〟を供給してもらうことを切っているところもあるように思うのですが。

岡崎久彦　そりゃ、「一内閣一仕事」が普通《ふつう》だからねえ。そんなにたくさんのことはできないので。

前回は、「教育基本法の改正」と、「国民投票法」までやったが、今回も外交ではかなりやるべきことはやったし、習近平《しゅうきんぺい》ともあまりいい感じじゃないが、「会うだけは会った」というか、「すれ違った」というか、「握手《あくしゅ》した」というか。まあ、「握手したとき、向こうの骨を砕《くだ》いたる」というぐらいの気持ちはあったかもしれないけどなあ。

綾織　（苦笑）それ自体は、岡崎先生は評価されているのですか。

岡崎久彦　（笑）まあ、ないよりはずっといいだろうよ。ないよりはいいとは思うがねえ。あそこまで、よくぞ我慢《がまん》して行ったわなあ。

綾織　会談に当たっては、いろいろな条件を付けられたようなところもあります。

尖閣《せんかく》問題については領有権争いが存在していると読める文書にもなっていますし、靖国《やすくに》も参拝《さんぱい》したらいけないようにも読めます。

岡崎久彦　そのへんが政権の継戦《けいせん》能力の問題だろうとは思うんだけどね。まあ、財界からの圧力もあるしなあ。あとマスコミもある。九月以降も攻撃《こうげき》がきつかったから、「外交で、もう一度、点を稼《かせ》ぎ出せたら」というところもあったんだろうけど。李克強《りこくきょう》とも会っているしねえ。あと朴槿惠《パククネ》も、ちょっとはほかのところで愛想《あいそ》を振《ふ》りまいたところもあるから、何もしないよりは、かなり前進はしたんじゃないかねえ。

安倍《あべ》首相がこの時期に「選挙」を考えた理由とは

綾織　「継戦能力が落ちている」という分析《ぶんせき》をされていますけれども、そのなかで、今回の選挙については、若干《じゃっかん》、腑《ふ》に落ちないところがあります。

岡崎久彦　まあ、ちょっと〝変な〟選挙ではあるけどねえ。何だろう……、（マスコミの）政府を攻撃させるばかりの仕事を、ちょっとほかのほうに振ったという感じかな。なんかそんな感じには見えるな。そのまま続けていくと、〝攻撃〟を受け続けていくだけでしょう？　外交でくたびれているのに、まだ〝攻撃〟を受け続けるからさ。

藤井　今、「解散がそろそろ」と言われていますけれども、安倍《あべ》さんにとって、「吉《きち》」と出るか、「凶《きょう》」と出るのか、まだはっきりと見えないところがあるかと思います。岡崎先生は情勢判断の専門家でもいらっしゃいますので……。

岡崎久彦　そら分からんけども。閣僚《かくりょう》二人が辞任して、いろんな政治家のところが、今、ゴソゴソ調べられているからさあ。お金のところやスキャンダルをいっぱい調べられて、何が噴《ふ》き出してくるか分からないような状況《じょうきょう》が続いているし、夏から朝日系をかなり追い込《こ》んだけど、別の意味で〝逆襲《ぎゃくしゅう》〟も始まっておるし……。

そうだねえ、あとは（外国訪問から）帰ってきたときの沖縄《おきなわ》県知事選の敗北（注。二〇一四年十一月十六日投開票の沖縄県知事選挙では、自民党推薦《すいせん》で、普天間《ふてんま》基地の辺野古《へのこ》移設容認派の現職・仲井眞弘多《なかいまひろかず》氏が落選し、辺野古移設反対派の前・那覇《なは》市長の翁長雄志《おながたけし》氏が当選した）。この予想はある程度していたことなので、ここらへんを早めに打ち消していくことも考えてのことだと思うけどねえ。

綾織　「いろいろなマスコミの攻撃の矛先《ほこさき》を、ほかのところに向ける」というための解散ですか。

岡崎久彦　それは、もう決まったんかなあ？　もう言ったかなあ？

綾織　ほぼ決まりと考えていいと思います（注。本収録の当日の夕方、安倍首相は衆議院の解散・総選挙を記者会見で宣言した）。

岡崎久彦　まあ、「外遊中にそんな日程がいっぱい出る」っていうのはおかしな話ではあるんだけどねえ。

あるいは、外交でものすごく〝得点〟が稼げたら、腹づもりが違ったのかもしれないけどね。グウーッと〝得点〟が高けりゃあ、「また」という感じもあったのかもしれないけども。九月以降の点数をもう一回取り返せるぐらいの〝得点〟が上がればと思ったのかもしれないけど、「そんなにずっとは行かないな」というあたりかねえ。

3　安倍《あべ》内閣の対中外交についてどう見るか

習近平《しゅうきんぺい》の権力基盤《きばん》の弱さが見えた「日中首脳会談」

綾織　岡崎先生は、ずっと安倍《あべ》さんの外交ブレーンとしてアドバイスをされてきました。そして、安倍さんは、「地球儀《ちきゅうぎ》外交」ということをしてきました。これは、「中国包囲網《ほういもう》」の言い換《か》えだと思うのですけれども、今回の日中の首脳会談を見ると、中国包囲網を敷《し》いてきたわりには、最後の詰《つ》めが甘《あま》いのかなという印象があります。

岡崎久彦　まあ、でも、お互《たが》い様だったんじゃないか。

綾織　そうですか。

岡崎久彦　向こうは向こうなりに見え見えだったから。「ニコリともしない」というのを振《ふ》り付けされながらやるのも、なかなか大変でしょう。何回も会って、「ニコリともしない」というのは、そうは言っても、なかなか大変なことだよ。

綾織　（笑）すごく頑張《がんば》っていましたね。

岡崎久彦　ええ。〝役者〟としては、そう簡単なことではないよ。「何回、握手《あくしゅ》しても、ニコッとも笑わないでやる」というのは、ものすごい悪人に見えるもんね。やっぱりね。

国内向けにはいいんだけど、海外向けにはすごく嫌《いや》な感じに見えることぐらいは分かっているよね。分かっているけど、「それをしないと、もたない」っていうところに、その足場の弱さ、権力基盤《きばん》の弱さが見えているわな。「日本に対して、強硬《きょうこう》な態度で、少しも妥協《だきょう》しない」っていうふうに強がって見せなければ、国内がもたない状況《じょうきょう》であることがよく見えるわねえ。

外国から見たら、「あれは愛想《あいそ》がないので、いくら何でもひどいな」と思ったと思うし、香港《ホンコン》問題も合わせて、すごい強面《こわもて》イメージが強く出てきたからね。ある意味で〝大根役者《だいこんやくしゃ》〟だわな。

綾織　そうですね。

岡崎久彦　〝大根役者〟だし、〝田舎芝居《いなかしばい》〟ではあったんじゃないかなあ。握手《あくしゅ》をしながら〝場外乱闘《じょうがいらんとう》〟をしている日中の外交

綾織　その一方で、どの首脳も香港の民主化デモについて触《ふ》れませんでした。そう

いう意味では、中国のほうが優勢に立ったのかなという印象がありますが。

岡崎久彦　いやあ、毒でも盛られたくないから。みな、生きて帰らないかんからさあ。

綾織　（苦笑）そうなんですか。

岡崎久彦　あの国は危険だからね。〝食中毒〟を起こして死なれたら困るでしょう？　調理がまずくて、なんか毒の入った魚をついつい紛《まぎ》れ込《こ》まされたりしたらいけないからねえ。みんな、命からがら逃《に》げて帰らなきゃいかんからねえ。恐《おそ》る恐る行っているからさあ。

ただ、セレモニーはセレモニーだから、実質上は別のところで動いている。同時に裏の駆《か》け引きもあったからさあ。尖閣《せんかく》は〝表〟で、〝裏〟では小笠原《おがさわら》諸島でサンゴ密漁船が二百隻《せき》以上も来て密漁をしたりしてな。それで、海上保安庁のほうが特《とく》殊《しゅ》部隊を投入して、逮捕《たいほ》したりしてますからねえ。

裏では、そのへんの駆け引きもちゃんとやっているし、力比べをやっている。〝場外乱闘《じょうがいらんとう》〟と並行《へいこう》してやっております。上で握手《あくしゅ》をしながら、下で〝場外乱闘〟をやっているような状況だからねえ。まあ、外交もなかなか難しいなあ。

綾織　生前、岡崎先生からお話をお伺《うかが》いしたときも、中国に対しての見方が少し楽観的な部分がありました。今は小笠原諸島の問題もあれば、南シナ海のほうでたくさんの空港や港をつくったりして、完全にあの領域を支配しようとしているところがありますよね？

岡崎久彦　だけど、君さあ、習近平《しゅうきんぺい》と安倍が二年半ぶりにやっとお願いして会ったような情勢をつくってさ、「ニコリともしないですれ違《ちが》って、目も合わせない」みたいな無礼《ぶれい》外交をしているように見えてる。その同時期にだよ、小笠原諸島に来たサンゴ密漁船っていうのは「民兵」だよなあ。中国の漁船だってみんな「軍人」だからさ。まあ、民兵だけど、船長とかを逮捕しているんだよ。これは、かつての日本ではありえないことですよ。

これをやっているのを、向こうはちゃんと知ってますから。逮捕してますからね。急襲《きゅうしゅう》をかけてこれをやっているんですから、安倍の怖《こわ》さはほかの人とは違うことは分かってるよ。APEC《エイペック》を北京《ペキン》でやっているときに、密漁船に民兵が入っているのを知ってて、急襲して逮捕に入っている。

やっぱり、裏ではそうとう強気でやっているのは知ってるよ。

綾織　今後の話なのですが、選挙後も安倍さんが続くとして、岡崎先生が天上界《てんじょうかい》に還《かえ》られてから心配になっているようなことはないのでしょうか。

岡崎久彦　うーん。まあ、死んだから心配はないんだけどね（笑）。

綾織　なるほど（笑）。

岡崎久彦　ワハハハハハハ（笑）。いちおう、この世の仕事は終わったからさあ。もう、私はどうってことありませんので。

普天間《ふてんま》基地移設問題は「そんなに心配することではない」

立木　先ほど、チラッと沖縄《おきなわ》県知事選の結果のことを言及《げんきゅう》されました。沖縄は基地の移設問題を抱《かか》えていますが、これに関して、「もっと、こうすべきだ」「沖縄の世《よ》論《ろん》を何とかしないといけないのではないか」という観点があるかと思うのですが。

岡崎久彦　文明化はされてないとは思うけどね。うーん……、まあ、どっちでもいけるんじゃないかなあ。「辺野古《へのこ》移転に反対したらどうなるか」って言ったたって、そのあとの構想も立ってはいるからさ。まあ、どうってことはないんじゃないかな。

立木　「構想」といいますと、日本側としての構想ですか。

岡崎久彦　う ー ん。だから、日本のほうが独自武装を進めていく構想が立ってるから。

立木　ああ……。はい。

岡崎久彦　裏には、もう立ってるからさ。「米軍が嫌《きら》われたということだったら、日本が独自に、だんだんとやらざるをえない」という方向に持ってくる構想は、もう、できてるんだよ。

立木　はい。

岡崎久彦　「住民が反対するので米軍基地を縮小するって言うなら、別のバックアップ機能を強くする」ということは考えてるみたいだから、まあ、そんなに心配することはないいんじゃないか。まあ、ある程度は織り込み済みだから。

自衛隊よりも「軍隊化」が進みつつある海上保安庁

立木　そうしますと、米軍の海兵隊であれば、ある意味で自由に動けると思うのですが、今の日本の自衛隊ですと、なかなか、そこまでの自由度がなく、台湾《たいわん》などといったところへの抑止力《よくしりょく》については、やや懸念《けねん》が残りますが。

岡崎久彦　うーん。でも、面白《おもしろ》いことにさあ、自衛隊の軍事力だけを、一生懸命《いっしょうけんめい》に比較《ひかく》して見てるんだろうけど、海上保安庁のほうが、どんどん軍隊化してるから。ここが「軍隊」と見なされてないからさあ（笑）。こちらのほうが、どんどんどんどんやってる。

国土交通省の管轄《かんかつ》下だから、中国とのパイプ役である公明党（の大臣）が管轄してるところが、実際は、（中国と）戦闘しなきゃいけないような具合になっておりましてね。そういう意味で、実際は、非常に面白いことになってるんですよ。

立木　それについては、公明党ですら、そのあたりの意識は持っているというように……。

岡崎久彦　だから、公明党に危機感を味わわせてるわけなので。前面に立ってるのは、公明党の大臣ですから。（中国と）交戦状態にあるのに、まだ、自衛隊が出てくるまでにはいかないために、交戦状態になって戦ってるのはあっち（海上保安庁）なので、ビリビリきていると思うよ。

だから、創価学会《そうかがっかい》、公明党も、ちゃんと教育中だと思いますよ。

海上保安庁のほうも、戦力増強中なので、それと合わせれば、思っている以上に戦力は大きいし、それから、今、アジア諸国に武器の輸出もできるようになって、日本の自衛隊や海上保安庁が持ってるような機能の一部を、アジアの他の国やオーストラリアあたりまでシェアリングできるようにしたら、日本の軍隊の一部が海外に駐屯《ちゅうとん》できるのと同じようになっていくので、連絡《れんらく》するだけで、「ほかの外国の軍隊」ということで出動してもらえれば、やれるようになる。また、アメリカにも入ってもらえば、集団的自衛権で、だんだん動けるようになってくる方向に行く。

まあ、（日本は）着々と進んでて、中国は「張り子の虎《とら》」で、経済を大きく見せてるけど、これには、もたないギリギリのところが、もうちょっとでやってくると思う。

生前、月刊雑誌に掲載《けいさい》された論文に込《こ》められた思いとは

藤井　少し、興味本位の質問になるかもしれませんが、秋ごろに発刊された、とある月刊雑誌に、岡崎先生の論文が、「強大中国にいかに立ち向かうか」というテーマで出されています。

岡崎久彦　うーん。

藤井　「今後十年間の日本の最大の課題は、ここまで強大となった中国に、いかに立ち向かうかである。私自身、その実状に気づいたのは、つい最近のことである」という話をされていまして……。

岡崎久彦　うん（笑）。

藤井　（笑）もしかして、幸福の科学、大川隆法総裁の言論の影響《えいきょう》が、岡崎先生にも届いていたのかなあというようにも思うのですが……。

岡崎久彦　そんなんでもなくて、もう、お互い、何十年も前からツーツーで分かってることなんで。まあ、分かってはいるんです。

中国に対して弱腰《よわごし》で、「もう、とても敵《かな》わんから、降参、降参」みたいな路線もよくないしね。鳩山《はとやま》さんなんかは、そんな感じだったと思うけど、でも、あんまり、外側に対して、日本が強硬に、強そうに見せすぎるのも問題なので、ほどほどに適度な付き合いはする。やはり、経済的に、多少、お金を落としてもらうことは悪いことではありませんので、経済的には（日本に）来れるぐらいの……。

だから、日本は「いい国」なんですよ。（小笠原諸島周辺に）密漁船がいっぱい来てるのに、今年の九月ごろから、また、中国からの観光客が増えてきてますから。

日本に行っても捕《つか》まったりしないからね。「捕まえられたりしない」と思って、安心して来てる。それは悪いことじゃないので、「金は落としてもらうけども、実質上の警備のほうはしっかりしていく」ということですね。

まあ、でも、インドにも〝楔《くさび》〟は打ち込《こ》んでるし、インドもスリランカも……。まあ、(日中の)両方が競争しているけどね。インドもスリランカもやってるし、あと、ロシアのほうにも、じわっと手を回して、両方から引っ張り合っている状況なので。だいたい、向こうが手を伸《の》ばしたところには、日本も伸ばしてやってるし、オーストラリアとか、あとはミャンマーあたりも取り合ってるところだろうけどね。まあ、今は、投資合戦《がっせん》をやってるところだろうけども、やっぱり、信用度は日本のほうが、やや高いようだな。感じとしてはな。

外交については「大川隆法先生が言ってることでいい」

綾織　それでいきますと、「安倍政権の今後、あるいは、自民党政権の今後は、安心して見ていられる」ということになるのですか。

岡崎久彦　もう、心配してもしょうがないじゃん。

綾織　はい。

岡崎久彦　あの世に還ったら、頭に〝輪っか〟が付いてるんだから。ええ？

綾織　（笑）いやいやいや。あの世でも、もちろん、ある意味、日本の〝軍師〟として仕事をされるのではないかとは思うのですが。

岡崎久彦　いやあ、大した軍師じゃないからさ。もう、あとは、大川隆法先生にやってもらったらいいんじゃないかなあ。もう、いいんじゃないかなあ。

綾織　あ、そうですか。

岡崎久彦　もう、そろそろバトンタッチだな。

綾織　はあ。

岡崎久彦　うんうんうん。もう、いいんじゃない？　外交については、大川先生が言ってることで、もう、いいんじゃないか。

綾織　そうですか。

岡崎久彦　それ以外のことは……、まあ、経済とかね。今、（安倍政権が）引っ掛《か》かってるのも、経済、アベノミクスのところだけど、経済のほうは、私も、そうずっとよくは分からないので、それについては、また別の人のアドバイスを受けないと、十分ではないと思う。

まあ、外交は、（大川隆法が言うことで）行けてるんじゃないかね。

4　幸福の科学大学の不認可の理由を分析《ぶんせき》する

「幸福の科学大学の不認可」の原因は「役人の嫉妬《しっと》」

綾織　安倍《あべ》さんご本人の行動を見ると、どうも、大川総裁の考え方を、あまり受け入れない方向に動いているように見えなくもないのですが。

岡崎久彦　いや、そんなことないよ。そっくりだよ。同じように動いてるよ。

綾織　「幸福の科学大学の不認可」という問題もあるのですが。

岡崎久彦　ああ、それはねえ、別の問題だな。

綾織　それについては、もう、分けているわけですね？

岡崎久彦　ああ、それは別の問題だわ。

綾織　ああ……。

岡崎久彦　うん。それはね、君らがねえ、やっぱり、嫉妬《しっと》されたんだよ。一部の〝弱小・二流官庁〟に嫉妬されたんだよ。そのへんが、ちょっと分からなかった。

綾織　それだけの理由で、これだけの計画を潰《つぶ》すというのは、少し……。

岡崎久彦　いやあ、「役人には感情がない」と思ってたところが間違《まちが》いだったんだよ。感情があったんだよ、いちおうね。感情はあったのさ。

綾織　ああ。文科省そのものの感情ですか。

岡崎久彦　ああ、まあ、だから、感情だよ。宗教にしちゃあ、かっこよすぎたのさ。

綾織　はい。

岡崎久彦　うんうん。だから、審議会《しんぎかい》も文科省も文科大臣も、みんな、劣等感《れっとうかん》の塊《かたまり》になっちゃったのさ。

綾織　ああ。

岡崎久彦　だから、やればやるほど、〝逆《さか》ねじ〟がかかってさあ、力があるところを見せてやろうと思って、頑張《がんば》って威張《いば》ってるんだから、ほっときゃええんだよ。そのうち、人が替《か》わりゃ、ちゃんと認可が下りるからさ。小さな問題なんだよ。本当は小さな問題だよ。

綾織　はい。

岡崎久彦　ああ。小さな問題だけどね、逆ねじがかかって、もう〝あれ〟して、奮起しているからさあ、しょうがないんだと思う。安倍さんも、「これは駄目《だめ》だ」と思ってて、どうせ、そのうち担当を替えるからさ。

綾織　ああ、そうなんですね。

霊言《れいげん》をいちばん信じている政治家は下村博文《しもむらはくぶん》文科大臣

立木　幸福の科学大学の不認可の理由として、「霊言《れいげん》を教育の根底に置いているから駄目なんだ」という言い方をしているのですが……。

岡崎久彦　そんなことはない。霊言をいちばん信じてるのは、下村《しもむら》（博文《はくぶん》）さんだから。

立木　はい。

岡崎久彦　あれが、いちばん信じてるんだよ。

綾織　「信じているから、世の中的には否定させたい」ということなんですよね？

岡崎久彦　そらあそうよ。政治家のなかでいちばん霊言を信じてるのは、下村博文だよ。何言ってるんだよ（笑）。あれがいちばん信じてるんじゃないか。ただ、（自分自身の）「守護霊《しゅごれい》がけしからん」というか、上品でないところで怒《おこ》ってるんだからさあ（『文部科学大臣・下村博文守護霊インタビュー』『文部科学大臣・下村博文守護霊インタビュー②』『スピリチュアル・エキスパートによる文部科学大臣の「大学設置審査」検証（上）（下）』〔いずれも幸福の科学出版刊〕参照）。

綾織　はい。

岡崎久彦　なあ？　『宗教学者「X《エックス》」氏の変心』だか、『「X」の変心』だか、何か知らんけど、「俺《おれ》の守護霊は情けない」なんて言うとるおっさんもいるんだろう（注。公開霊言『宗教学者「X」の変心』〔幸福の科学出版刊〕を発刊したところ、それを読んだ宗教学者X氏が自身のツイッターで「自分の守護霊が情けない奴《やつ》だということは、やっぱり本人がだめな人間だということだろうか」などとつぶやいた)。そういうふうに反省に入れるんならいいけど、反省に入るにしては、まだ、ちょっと上昇《じょうしょう》志向があったからなあ。

5 岡崎久彦氏に「霊《れい》になった感覚」を訊《たず》ねる

あの世に還《かえ》り、「岡崎久彦守護《しゅご》霊霊言《れいれいげん》」をどう見るか

綾織　そうしますと、岡崎先生の場合は、守護霊《しゅごれい》の霊言《れいげん》を、今年一月に収録されました（前掲《ぜんけい》『日本外交の盲点《もうてん》』参照）。

岡崎久彦　あ、そうだがな。うんうん。

綾織　そのとき、お知らせさせていただきましたけども、今回は、そのご本人の霊言ということになりました。

岡崎久彦　守護霊でないんだ。本人なんだよなあ。うーん。いや、実に珍《めずら》しいんじゃないか。「一年で、守護霊と本人の両方が出てくる」っていうのは。

綾織　そうですね。

岡崎久彦　ありゃ、まあ、どうなって……、ハハハハハハハ……。ハハハハハハ……。

綾織　どういう感じなのかは（笑）、なかなか想像しにくくて……。

岡崎久彦　うーん、分かりにくいだろうな。

綾織　体験されているご自身として、守護霊と本人には、どういう関係性があるのかというのを、お教えいただけますか。

岡崎久彦　うーん、まあ、これについては、ほかの宗教でも、明らかにしてくれるところは、あんまりないから。

綾織　はい。

岡崎久彦　確かに分かりにくいのかとは思うし、何か守護霊みたいなのが出るところもあるんだけど、そんなにはっきりとは分からないんだよね。

何だかなあ、「何となく霊が憑《つ》いてて、何かをしゃべる」ぐらいにしか見てないんだけど、幸福の科学のやつ（霊言）は、「守護霊」って言っても、本当に潜在《せんざい》意識のところに入っていく感じがあるので、こういうのは、あんまり、他に例がないかねえ。

だから、ちょっと、ほかのとは違《ちが》う感じはある。本当につながっている部分が見えてるっていうか、つかめてるんだろうねえ。だから、うーん……、やっぱり、「騙《だま》せないところがある」っていうところだろうね。

まあ、（岡崎久彦の）守護霊霊言を読んで、「思考形態は、わりとよく似ているなあ」と思うたが。まあ、やっぱり、よう似てたねえ。

綾織　あ、はい。

岡崎久彦　うーん、なんか、過去世《かこぜ》リーディングもやってくれたみたいだが、黒船で脅《おど》したペリーだとか、いろいろ……。

綾織　戦国時代（の過去世も）もありました。

岡崎久彦　ええ。まあ、あんまり、世間的《せけん》には評判のよくない、〝裏切り武将〟みたいなのが出てきたりも、まあ……（笑）（注。岡崎久彦氏の過去世は、幕末に日本に開国を迫《せま》ったペリー提督《ていとく》、本能寺《ほんのうじ》の変《へん》で主君の織田信長《おだのぶなが》を討《う》った明智光秀《あけちみつひで》、飛鳥《あすか》時代に聖徳太子《しょうとくたいし》によって隋《ずい》に派遣《はけん》された小野妹子《おののいもこ》、紀元前三百年ごろの中国で「秦《しん》」統一の外交的基礎《きそ》をつくった張儀《ちょうぎ》であることが判明している。前掲《ぜんけい》『日本外交の盲点』参照）。

綾織　いえいえ。生前にお伝えさせていただいたときには、「自分にいちばん似ている戦国武将だ」とおっしゃっていました。

岡崎久彦　ああ、似てると思うよ。教養があって、頭がよかったんでしょう？　だから、（織田）信長も（豊臣《とよとみ》）秀吉《ひでよし》も、本当は苦手《にがて》なタイプだったんだとは思うよ。本当はね。

綾織　まったく同じことを生前におっしゃっていました。

岡崎久彦　うん。苦手だったと思うよ。たぶん。

綾織　はい。

立木　ＨＳ政経塾《せいけいじゅく》のスタッフとの間では、「（岡崎氏の過去世とされる）中国の戦国時代の張儀や、日本の飛鳥時代の小野妹子というのは、いわば外交官であったので、『自分が外交官だから過去世も外交官』というのは、やや安直ではないか」というようなことを、ご生前に岡崎先生がおっしゃったという話が出たのですが、実際に、あの世へ行かれて、そのあたりはいかがお考えでしょうか。

岡崎久彦　いやあ。それは、謙遜《けんそん》もな。ちょっと謙遜を……。

立木　謙遜されたということですね？

岡崎久彦　まあ、（謙遜）しただけでなあ……。

立木　承知しました。

「霊言《れいげん》に出てきた守護霊《しゅごれい》と自分はつながっている感じがある」

綾織　今の状態だと、地上で生きているときの守護霊《しゅごれい》さんとは、どういう〝つながり具合〟なのでしょうか。

岡崎久彦　うーん、なるほど。そのへんの感触《かんしょく》は何となく……。君らは、どんな感じに感じるんかなあ。うーん……、そうねえ……。いや、なんか、つながってる感じはあるよ。

綾織　はい。

岡崎久彦　つながってる感じは……。いや、分からない人には分からんみたいだけどね。「別人」というふうに認識する人もいるようで、ほかの人のを見ればね。知っている人は、つながってるのが分かる……。

綾織　ああ、はい。

外交官のときの守護霊《しゅごれい》は「ペリー」、退官後は「その他大勢」

綾織　実際、守護霊《しゅごれい》様はどなただったのでしょうか?

岡崎久彦　うん？

綾織　そうした「守護霊をしてくださっていた方」というのは……。

岡崎久彦　まあ、外交官のときは、ペリーがやってたんじゃないの？

綾織　あっ、はい。では、外交官を退官されたあとは、また代わっているのですか。

岡崎久彦　うーん、まあ、その他大勢、たくさん、ときどきに出てきてるんじゃないの？

綾織　という意味では、一人がずっと守護しているわけではなくて、代わる代わるですか。

岡崎久彦　うーん。だから、君らの質問者が替《か》わるのと、まあ、似たようなもんだ。

綾織　はい。

岡崎久彦　今日、毛沢東《もうたくとう》みたいな人、おらんやんか。どうなってんの（会場笑）（注。岡崎氏の守護霊霊言のときに質問者を務めた里村英一《さとむらえいいち》〔幸福の科学専務理事〈広報・マーケティング企画《きかく》担当〉〕のこと。そのなかで、岡崎氏守護霊が里村を「（見た目が）毛沢東に似ている」と指摘《してき》した。前掲『日本外交の盲点』参照）。

綾織　（笑）ええ。今日は、選挙の関係がありまして、席を外しているのですけれども。

岡崎久彦　ああ、なるほど。そうか。

大川隆法の「潜在《せんざい》意識を引っ張り出す能力」は非常に珍《めずら》しい

岡崎久彦　うーん。まあ、これ、少し、本当に分かりにくいことみたいだからね。この「守護霊と自分とは、同一だけど別人」みたいなのは、なかなか理論的には難しいことのようだし、君らの本に書いてある説明も、まあ、よく分からん説明ではあるしね。

いや、ここまで、でも、「本人の潜在《せんざい》意識とつながっている守護霊」みたいな感じで突《つ》き止めているっていうのは、あんまり例を見ないのでね。たいていは、「憑《ひょう》依霊《いれい》、ないし、背後霊《はいごれい》みたいな何か、あるいは、縁故霊《えんこれい》みたいなのが守護霊」みたいに言うてるのが多いんじゃないかなあ。

たぶん、これは、リーディング能力みたいなもの、過去世をリーディングしていくような能力と関係があるんじゃないのかなあ。

そういう意味で、「あんた、中学時代、こうだったでしょう？」「小学校時代、こうだったでしょう？」みたいな感じで取り出して、引っ張り出してくるような、そんな能力じゃないかなあ。

だから、「本人も忘れてる」っていうの？「大人になったら忘れてるけど、中学のとき、こうだったじゃない」とかいうような感じの部分を引っ張り出してこれる力があるから、そうなってくるんじゃないかなあ。

たいていの場合は、その過去のやつを忘れていることが多いのでねえ。どこかには残ってるはずなんだけど、置いてあるので活性化してないんだと思うな。脳が全部使われてないのと同じような感じで、眠《ねむ》ってる状態になってるんだろうと思うけど、その部分を掘《ほ》り起こしてきて、本人の意識と〝合体《がったい》〟させてくるんだろうと思うな。このへんの技術は、私も、よくは分かんないけどねえ。

ただ、これは、ある意味では、まれに見るっていうか、非常に珍《めずら》しい能力なんじゃないかなあ。ほかの「心霊家《しんれい》」っていうか、「神秘家」っていうか、「宗教家」っていうか、「超能力者《ちょうのうりょく》」とか、まあ、いろいろいるけれど、同じじゃないような気がするなあ。

綾織　うーん。以前、お話しさせていただいたときにも、「イタコやユタなどの〝普通《ふつう》の霊言《れいげん》〟というのは、もうポツポツとしか言葉が出てこないものの、大川総裁の場合は、本当に言葉が次々に出てくるので、そのへんが、なかなか、一般《いっぱん》の人には理解できないところだろうなあ」ということをおっしゃっていました。

岡崎久彦　いや、「本物」は一つでいいんじゃないですか。

綾織　はい。

岡崎久彦　だから、私のほうがユタやイタコに出てくるようだと、それは、「私は、かなり迷うとる」っていうことに、結論的にはなるわねえ。それは、まずいんじゃないですか。

6　岡崎久彦氏の人生計画について

日本の扉《とびら》を内から開く「外交関係の仕事」を考えていた

藤井　「今世《こんぜ》の人生を振《ふ》り返られて」ということで、少しお訊《き》きしたいのですけれども、お生まれになったのが一九三〇年ですので、戦後の日本の外交・防衛面をずいぶん率いてこられたと思います。

岡崎久彦　うーん。

藤井　このあたりについて、例えば、生まれる前の計画として、「日本が敗戦して、どうなっていくか」とか、そういったところをある程度、予想しながら生まれられたのでしょうか。そのあたりはいかがでしょう。

岡崎久彦　まあ、「外交」は、いちおう考えてはいたかな。外交関係は、いちおう考えてはいた、仕事としてね。なんか、外交関係がいいかなあと思ってはいたけどねえ。

だから、一九三〇年の段階で、まあ、「(日本は戦争に)たぶん負けるかな」という予想は、もう私のほうは立ってはいたんですけどね。もう私のほうはね。

でも、日本が世界に出ていこうとしている時期ではあったので、躓《つまず》いたとしても、躓かなかったとしても、いずれにしても、国際舞台《ぶたい》に出ていこうとする時期であることは間違《まちが》いないので、大きな仕事として、そちらの方面があるのかなあとは思ってましたけどねえ。

綾織　ご計画として、「敗戦があって、戦後、アメリカに占領《せんりょう》され、憲法九条のような憲法を持つようになる。そこで、日本を、よりまともな国として復活させる」という使命だったのでしょうか。

岡崎久彦　うーん、まあ、いろいろあるからさあ。私一人がやってるわけじゃないからさあ、そらあ何とも言えませんが、たくさんの人が生まれているので。戦国時代みたいな、あんな、ドシャーッといろいろな人が出て、誰《だれ》が最後に生き残るかは、やってみないと分からないゲームみたいなもんなのでね。

こういう戦争期も一緒《いっしょ》でして、いろいろな人をドシャッと出して、「誰が乗った船が沈《しず》んで、誰の飛行機が墜《お》ちて、最後はどうなるか」って、そらあ、なかなか分からないところはやっぱりあるんですけどねえ。

でも、日本を、もう一回、今度……、前（ペリーの転生のとき）は外からだけど、「内から扉《とびら》を開けるような仕事をしてみようかな」と思ってたのはそうだがなあ。

大勢の「戦後のための優秀《ゆうしゅう》な人材」が戦争中に亡《な》くなった

綾織　その点でいきますと、渡部昇一《わたなべしょういち》先生や竹村健一《たけむらけんいち》先生、日下公人《くさかきみんど》先生なども、同じ年にお生まれになっていますが、「戦後の日本を引っ張っていく仕事をされた」という感じなのでしょうか。

岡崎久彦　いやあ、この世代は、生き延びてるのは珍《めずら》しい世代で、優秀《ゆうしゅう》な人はたくさんいたんだよ。

綾織　そうですか。

岡崎久彦　たくさんいたんだけどさあ、みんな、戦争とか、いろいろなもので死んだり、いろいろな事件で消えていったり、ずいぶん間引かれていって、まあ、千人準備して、数名が生き残ったぐらいのもんじゃないかねえ。

綾織　そうすると、「戦後のための人材」というのは、もっとたくさんいらっしゃったんですね。

岡崎久彦　もっと優秀《ゆうしゅう》な人は、たくさんいましたよ、そらあ戦争中には。たくさんいたんですけどね、ずいぶん。優秀な人から死んでいったんでねえ。

それでも、「残りもんでも頑張《がんば》れた」というところが、やっぱり日本の底力だよな。「残りもんでも、これだけ頑張れた」っていう。優秀な人は、だいたい死んでますよ、戦争で。

綾織　ああ、そうですか。

岡崎久彦　優秀な人は、やっぱり、みんな最前線に出ていきまして、亡《な》くなっているので、生き残ってるのは余りもんですけどね。それでも、何とかやってこれたよ。まあ、戦後の敗戦から立ち直っていくのを体験した人は、まあまあ満足はしたんじゃないかね。

だから、九〇年以降がね、少し厳しかったよね。ああ、これは少し厳しかったかな。まあ、これは、もう次の世代にバトンタッチしないと無理かな、と。八〇年代ぐらいまでは、よかったな。

7　日本外交の未来を予測する

戦後、仲間割れを始めた「第二次世界大戦の戦勝国」

藤井　まさに、「冷戦が終結して以降の政治・外交的なスタンスが、日本の針路として、はっきり定まってこなかった」というところが、いまだに尾《お》を引いていると思うのですけれども、そのあたりや今後の見通しについては、どのようにお考えでしょうか。

岡崎久彦　まあ、ソ連との冷戦も長かったからね。だから、私らの現役《げんえき》のころのいちばんの悩《なや》みと言やあ、八〇年代ぐらいが（私たちの）いちばん力があったころだろうから、やっぱり、「ソ連との冷戦で生き残れるかどうか。永遠にこれは続くのかどうか」というようなものが大きかったので、「この米ソの冷戦が終わって、日米側が勝った」っていうあたりが、人生でいちばんすっきりしたころだったかなあ、自分らが。

その八〇年代半《なか》ばごろは、「ソ連が、まだまだ巻き返して強いんじゃないか」っていう感じも強かったんでねえ。だから、ソ連寄りの考えを持った人も多かったし、「中国が、ここまでまた出てくる」とは、当時はまだ思ってなかったとは思うけどねえ。アメリカの次の敵がまた出て……。

まあ、でも、何だろうかねえ。日本を〝獲物《えもの》〟にして、戦争でやっつけた連中たちが、戦後、なんか仲間割れしてるような感じで勢力争いをしてることで、どこも、やることは、基本的には一緒《いっしょ》だねえ（笑）。

アジア太平洋は日本を中心に再編成が進んでいる

藤井　先生のご持論として、「アングロサクソンとの提携《ていけい》」というのは、けっこう長年、訴《うった》えておられたと思います。
ただ、現状に鑑《かんが》みたとき、オバマ政権の状況《じょうきょう》を見ると、「アメリカの衰退《すいたい》」というのは、今後、十分に予想できるところがありますし、日本にとっては、ある意味での世界戦略といいますか、日本の歴史を考えてみれば、「世界に、日本から打って出ていく」という、決して今までなかったことが起きようとしているところでもあると思うのですけれども……。

岡崎久彦　うん、うん。

藤井　そのあたりのところについては、何か、お考えはありますでしょうか。

岡崎久彦　うーん。でも、安倍《あべ》さんも頑張《がんば》ったんじゃないの？　まあ、世界で、ずいぶん顔を売ったわな。歴代の総理から見れば、ずいぶん世界各地に行って、外交をして、ものすごく動いたわなあ。そういう意味では、頑張ったんじゃないかねえ。

立木　ただ、最近出た、アメリカの「フォーブス」（電子版）という雑誌に掲載《けいさい》されました、世界の政治家なり経営者なりの、影響力《えいきょうりょく》のある人のランキングを見ますと、一番がプーチン大統領で、オバマ、習近平《しゅうきんぺい》と続き、ドイツのメルケル首相が五位なのですけれども、残念ながら、安倍首相は六十三位になっています（苦笑）。

岡崎久彦　うーん。

立木　もう、朴槿恵《パククネ》であっても四十六位だったと思いますけれども……。

岡崎久彦　アッハッハッハッハ（笑）。もう、そんなのは、まあ……。

立木　そんな感じですので、「日本の外交をかなり頑張っているにもかかわらず、安倍さんが、このレベルしか評価してもらえなかった」というのは、非常に残念なのですけれども……。

岡崎久彦　ああ、まあ、偏見《へんけん》に満ちてるから、あんまり、そんなの気にしないでいいんじゃないかねえ。

立木　これは、どのように挽回《ばんかい》したらよろしいのでしょうか。

岡崎久彦　うーん。いや、何もしなくたっていいんじゃないの。アジア太平洋地域は、そう言ったって、日本を中心に、今、再編成が進んでるよ。

だから、習近平の本質をいちばん早く見抜《みぬ》いたのは、大川隆法総裁だと思うけどねえ。「（習近平は、大川隆法が）言っていたような人だった」っていうのが、今、だいたい、世界的に確認されつつあるので、「この〝進撃《しんげき》の巨人《きょじん》〟にどう対抗《たいこう》するか」、みんな考えてるところなのでね。やっぱり、「日本に頑張ってもらいたいなあ」っていうところと……。

立木　はい。

岡崎久彦　アメリカも、何とか……、まあ、大統領も永遠に続くわけじゃあないからねえ。だから、底力はありますから。まだまだねえ、底力はありますから、そんなに悲観しなくても、政治家は替《か》わっていくのが、民主主義のいいところだからね。替えられるからねえ。

「政権運営の難しさ」と「経済発展が中国にもたらす変化」

綾織　「何もしなくてもいい」というところは少し気になるのですけれども、歴史問題で安倍さんを見ていると、来年、戦後七十年を迎《むか》えたときも、「それほど、手が打てないのかな」という感じがするのです。「村山《むらやま》談話」「河野《こうの》談話」がありますけれども、これも何もしなくても大丈夫《だいじょうぶ》なのでしょうか。

岡崎久彦　うーん。まあ、「政権をどのぐらいもたせるか」ということの計算だからさあ（笑）。君らも、政党がもし、「万が一《いつ》」という言葉を使ったら縁起《えんぎ》が悪いから、言っちゃいけないけど、まあ、「順当に」と言う。順当に政権に就《つ》けるようなことがあったなら、そのへんの感じは、少し分かってはくるだろうけどねえ。

いやあ、なかなか、「どのぐらいもつかの計算」って、難しい計算だしねえ。外交だって、そんなにストレートに……。

まあ、中国は、非常にストレートにものを言う国ではあるけど、歴史的には、中国は、そういう人たちばっかりではないんだけどねえ。

大国になってくれれば大国になったなりの、文明度が上がってくるところもあるからね。まだ「国 対 国民」の関係がな、国のほうが圧倒的《あっとう》に強いのでねえ、そら、国民にそんな力はないけども、中国の大都市圏《けん》がみんな香港《ホンコン》状態みたいな感じになってきたら、やっぱり、そんな簡単に、思うようにはならなくなってくると思う。だから、経済発展そのものによって、彼らは、実は、柔軟《じゅうなん》で寛容《かんよう》な態度で、他の外国とも付き合わなきゃいけなくなってくると思うよ、現実にはね。

中国・韓国《かんこく》との歴史問題は彼らの「内政の問題」

綾織 「歴史問題はこのままでも、日本としては特に問題ない」ということですか。

岡崎久彦 いやあ、自分らが満足すりゃ言わなくなるのよ、あんなものは。

綾織 ああ。そういうことですか。

岡崎久彦　だから、まだ国内を抑《おさ》えるのに要《い》るから言うてるだけで、バカバカしいのは、もう中央の執行部《しっこう》でも十分分かってる。

綾織　ああ、そういうことですか。

岡崎久彦　「七十年以上前のことを言い続けるのは、俺《おれ》たち、バカみたいだな」って、みんな分かってるのよ。

分かってるんだけど、まあ、ヒットラーになぞらえて、少し敵をつくっとかないと、なんか、まとめにくいのでね。そういう〝日本悪者説〟を流しているうちは、自分らを批判するのが少し収まるからさ。

まあ、韓国《かんこく》も一緒だよ。自分らが、内政がうまくいけば言わなくなる、あんまりね。

岡崎久彦氏は「今後の中国」をどう見ているのか

綾織　今日、ずっとお話をお伺《うかが》いしていて、「中国に対して、かなり楽観的な見方をされている」と……。

岡崎久彦　まあ、楽観的だねえ、私は。あんな国、長くもつわけないもん。ハハハハ（笑）。どうせ、もつわけないから。

綾織　なるほど。五年とか十年とか、先を見通すと、「中国で何が起こってくる」というように見られているのでしょうか。

岡崎久彦　ええ？　あんなの、もつわけないじゃない？

綾織　はい。「もたない」と。

岡崎久彦　そんなの、もつわけないじゃない。

だから、民《たみ》に経済力がなくて、もう、ただ〝お上《かみ》〟の慈悲《じひ》にすがるしかない状態なら押《お》さえつけられるが、民のほうに力がだんだん移ってきたら、それはうるさいよ。みんなうるさくなるし、ほかのところで認められてる権利を要求するわ。ねえ？　基本的人権も要求すれば、多党制だって要求してくるだろうしね。

まあ、もっともっと言ってくるし、実際上、国際競争力をつけようとして、留学をたくさんさせてる連中、これが〝二軍〟に置かれてるわけよね。本来は、留学した組はエリートなんだけども、実際に留学している組に対しては、「利用するところは利用して、ただ、権力の中枢《ちゅうすう》には立たせないように抑え込む」っていうのが今のやり方だけど、いずれ引っ繰《く》り返されるのは時間の問題だわな。

立木　そうした人々の意識が上がってきて、政治的な権利意識も上がってきてはいると思うのですけれども、ただ、その政権を引っ繰り返すとなると、今、事実上、選挙もありませんので、いろいろ主張すると弾圧《だんあつ》されたりします。
また、いちばん大きなところとしては、「人民解放軍」という軍隊が、その内部から何か引っ繰り返るような力が働かなければ、デモや何かをいろいろやったところで、全部、しらみ潰《つぶ》しに潰されて、なかなか体制の転覆《てんぷく》には行かないのではないかという見方もあろうかと思うのですけれども。

岡崎久彦　うーん。いや、君らはさあ、三十万人もサイバー警察がいて、君らがパソコンで連絡《れんらく》を取り合っているやつとかを、みんな政府がずーっと調べまくっているような国で、〝息が詰《つ》まらずに〟どのくらい生きていられる？
これは、息を止めてプールに潜《もぐ》っているのと同じようなものだからさあ。そう長くはもたないよ。だからねえ、私は時間の問題だと思ってますがね。

それで、中国から日本に買い物をしにいっぱい来てんじゃんねえ。日本を歩いて買い物したら、何が違《ちが》うかはやっぱり分かってるよ。もちろん、香港に買い物に行った人も、シンガポールに行った人も、バンコクに行った人も経験したことではあろうけどね。

だから、「二重性」はあるんだよ。表向きの〝お上〟に向けている顔と、本心でやっている、裏の話をしている内容とは、もちろん全然違うんでね。

それは、時間はかかるかもしれないし、経済レベルがもう一段成長するのかもしらんけど、したら、した段階で必ずそういうふうになるようになってるんで。西洋化した段階で変わる。国としては変わると思う。

中韓《ちゅうかん》に批判されても日本経済が揺《ゆ》らがない「独自路線」をつくるべき

立木　そういうように自由化がなされたとしても、その次の段階として、例えば、韓国《かんこく》に関しては、一九八〇年代後半から民主化が進んで、それなりに先進国に近い国になったかと思ったら、ここ数年はずっと反日の勢いが止まらずに、非常にひどい状態になっているかと思うのです。

岡崎久彦　うーん。

立木　こういう中国や韓国の反日意識は、その政府が日本のせいにするために煽《あお》っている部分は当然あるでしょう。ここはもう少し改善していかないと、日本としては外交を考えたときに大きなマイナスといいますか、前進するにはなかなか難しい課題なのかと思うのです。ここはどのように乗り越《こ》えたらよろしいのでしょうか。

岡崎久彦　うーん……。あまり「韓国問題」ではなくて、やっぱり「(日本の)国内問題」のような感じがするけどなあ。日本の経済そのものを好調軌道《きどう》に乗せることのほうが大事なんじゃないかねえ。

藤井　この楽観論の根拠《こんきょ》というのを推察しますと、いちばん大きな変数というのは、「日本が政策を誤らないこと」といいますか、ある意味で大国になりつつあるので、ここがいちばん重要なキーポイントになっているかと思うのですが、そういうことでしょうか。

岡崎久彦　まあ、APEC《エイペック》もやったけど、（中国は）そのTPPに対して「中国中心の経済圏を、もう一つつくろう」みたいな感じでやっていて（FTAAP《エフタープ》（アジア太平洋自由貿易圏））、エゴ剥《む》き出しのあれだからねえ。私は虚《むな》しい戦いをやっているように見えますけどね。

やっぱり、文化度が一定レベルまで行かないかぎり認識できないものっていうのがあるんでねえ。衣《ころも》の下に〝鎧《よろい》〟を着ているのは、もうみんな見えているからね。（中国は）そう言っても、まだ貧しい国だよ。日本の小笠原《おがさわら》諸島辺に来てまでサンゴを掘《ほ》っているなんていうのは、もう本当にかわいそうな国だと思わんか？「持って帰ったら高く売れる」とか、そんなんで来て密漁してるね。かわいそうな国だと思うよ。思わない？かわいそうだよ。だから、そんなもんなんだよ。

ええところだけ外に見せて宣伝しているけどね。中はそんなもんじゃないんだよ。けっこうきついんだよ。

日本は日本で、中国や韓国がどうするこうするっていうことで、国体っていうか、国の経済体制がどうこう揺《ゆ》らぐようなことはないような「独自路線」っていうか、そういうのをちゃんとつくって、自分たちでやっていけるようにしていけばいい。

中国に生産拠点《きょてん》を移してぼろ儲《もう》けした企業《きぎょう》は、もうすぐ危ない

岡崎久彦　だから、（日本も）はっきり言ってちょっと〝緩《ゆる》い〟のは〝緩い〟んだよな。中国に生産拠点《きょてん》をいっぱい移したやつで中国を成長させたしなあ。中国に人件費を落として、所得税を落として、法人税を落として、日本の国に納めないでね、

日本に失業者を出して儲《もう》けた会社がいっぱいあるんだろうけど。まあ、そのへんあたりは非常に緩かっただろうと思うけど。

まあ、いいよ。（中国で）これから強権政治の、工場が接収される怖《こわ》い時代が始まったら、みんな命からがら逃《に》げ出してくるんだろうけども。そうすれば、日本の経済はもうちょっとまともに戻《もど》ってくるだろうよ。

だから、ぼろ儲けできるやつがうまいこと潜《もぐ》り込んでたところがあるけども、欧《おう》米《べい》とやれるようなちゃんとした体制がつくれなければ、中国も先はそんなにないと思うし。今後、日本のぼろ儲けした企業《きぎょう》が鵜《う》飼《か》いの鵜《う》みたいに、「呑《の》んだ魚を吐《は》き出せ」ってやられる時期が近いだろうからさ。

まあ、「（中国の）人件費が安いところだけに目をつけて、手を出してぼろ儲けしたというのは、いつまでも続くと思わんほうがいい」っていうことだな。

「反米運動」は必ずしも「左翼《さよく》」とは言えない

綾織　もしかしたら近い時期かもしれませんけれども、安倍政権がどこかで終わるとなったら、その後の自民党は安心できる状態なのか。あるいは、先ほども、幸福実現党のお話もありましたが、そうした政界の状況がどういうふうになっていくべきなのか。岡崎先生からご覧になって、幸福実現党も含《ふく》め、何か期待されていることというのはありますでしょうか。

岡崎久彦　まあ、沖縄《おきなわ》なんかのああいうのを見たら、ちょっと大変なのかなと思うところもあるけど、ある意味での国民教育の一つなんでね。国際ニュースを観《み》てない人たちをどう教育するかという問題でもあろうからね。

でも、意外にあれが「左翼《さよく》」とも言い切れないところもあるんだよな。「反米運動をしている」っていうことが引っ繰り返ったら、あれは「国粋《こくすい》主義」にすぐ変わるからね。

綾織　ああ、国粋主義ですか。

岡崎久彦　だからねえ、必ずしも左翼とも言えない面があって。右やら左やら、本当は分からないよ。日本が独立していくためには反米基地運動は当然起きることだからね。

綾織　ああ、煽《あお》りとして（笑）。はい。

岡崎久彦　沖縄辺りでやってくれないと、〝のろしを上げる〟ところはないからね。

実は、あれが暴《あば》れていることで、アメリカとの交渉《こうしょう》を有利に進めるチャンスもあるんで。そのへんは、政府は計算してるはずだよ。

だから、「沖縄が言うことをききませんのですわ」という、譲歩《じょうほ》を向こう（アメリカ）に迫《せま》る「交換《こうかん》材料」に使っている面はあると思うんで。必ずしも左翼とは言い切れない面はあるねえ。

日本はすでに世界一「幸福な国」になっている

藤井　岡崎先生はキッシンジャーの『外交』をテキストにしていろいろ講義もされていたと思うのですけれども。

岡崎久彦　うん、うん。

藤井　今後の日米関係ですが、「アメリカは今後どうなっていくか」という部分と、「今後の日米関係をどのようにしていくのが、日本の国益にとっていちばんいいのか」というところはいかがでしょうか。

岡崎久彦　まあ、あんまり「GDPが何位か」とか、そんなに考えないでもいいんじゃないの？　世界がどんな統計を取ってやっとるのか知らんけども、すでに（日本は）「世界でいちばん幸福な国」に、本当はなってるんじゃないの？

年寄りも長生きして、八十歳《さい》まで現役でいてポックリ逝《い》けるような国になっとるわけで。監獄《かんごく》につながれることもなくやれてるし。

左翼で、日比谷《ひびや》公園を占拠《せんきょ》して〝年越し〟で頑張っていても、そんな人が内閣に雇《やと》われたり、大学の教授になったりできるような、実に〝いい国〟ですよ。

綾織　そうですね。

岡崎久彦　本当に寛容な、いい国だと思いますよ（笑）。すでに世界一ですよ。だから、世界の統計なんかもう気にする必要ないですよ。世界一いい国になっているからさあ。いったんそれを味わってしまったら、そんなに簡単に捨てられないから。

日本に〝背骨〟はないが、コンニャクのような「復元力」がある

岡崎久彦　（日本は）〝コンニャク〟みたいな国なんだけどね。コンニャクみたいな国なんだけど、ほかが何か押し込もうとするとグニューッと引っ込んだようで、またボヨーンと戻ってくるんだよ（会場笑）。だから、〝コンニャク力〟というか、日本のコンニャク力をもっと信じたほうがいいよ。

綾織　幸福の科学や幸福実現党としては、やはり国家の「背骨」を立てようと言っています（笑）。

岡崎久彦　ああ、背骨が欲《ほ》しいの？（会場笑）

綾織　はい（笑）。

岡崎久彦　私はコンニャクで戦おうと思って。背骨が欲しかったんか。

綾織　やはり、宗教を尊敬するとか、あるいは武士道精神とか……。

岡崎久彦　背骨があったら、折れるでないか。

綾織　いや、自分の国だけだったらいいですけれども、先ほど岡崎先生がおっしゃったように、東南アジアとかアジアに対する責任があるので、コンニャクだけではほかの国を助けるというのはちょっと難しいわけです。

岡崎久彦　いやあ、私はいい国だと思うけどなあ。

君らは文科省が幸福の科学大学を認可しなかったと言って怒《おこ》りまくってるけど、認可しなくても大新聞には広告が平気でガンガン載《の》っとるんだろ? いやあ、この〝コンニャク度〟っていうのはすごい。国家としての統一性が全然ないから(会場笑)。まったく関係なく〝走って〟ますので、このコンニャクの〝グニャグニャ度〟はすごいから。これは「寛容度」と「自由度」があるわけだから、明日《あした》どうなるか分からない国なんだよ。ある意味で、どういうふうに変化するか分からない国なんで。まあ、面白《おもしろ》いよ。

綾織　はい。

岡崎久彦　そういう意味で、背骨はないかもしらんけども、軟骨動物か、軟体動物か知らんが、なんか妙《みょう》に「復元力」があるんだよ。

国に〝背骨〟があると国家の命令は強くなる

綾織　そうであっても、「〝コンニャク〟で、明日どうなるか分からない」という国よりも（苦笑）、やはり「こちらの方向に行くんだ」と指し示したほうがいいと思います。

岡崎久彦　いや、君らは国家に命令されて、「漁船に乗り込んで、中国近海に行ってサンゴ礁《しょう》を荒《あ》らしてこい」とか言われて、そんなに行きたいかい？　そんな国になりたいかい？

綾織　いや、そういう国で……。

岡崎久彦　これは、強い〝甲殻類《こうかくるい》〟みたいな国だと思うよ。

綾織　それは嫌《いや》ですけれども。

岡崎久彦　嫌だろ?

綾織　中国に対して困っている国はたくさんありますので。

岡崎久彦　「文科省に対して異議を申し立てた〝罪〟により、幸福の科学から三万人ほど〝兵〟を出してもらって、中国を攻《せ》め、その近海で重要そうなものを取ってこい」と。「海に潜ってハマグリを取ってこい」とか、「ホタテ貝を取ってこい」とか、「海藻《かいそう》を取ってこい」とか、「荒らしまくって、近海で〝倭寇《わこう》〟をやれ」と、罰《ばつ》として命じられたらどうするんだ。

綾織　実際には、それを中国のほうがやってきている状態なのです。

岡崎久彦　うん。だから、やってるほうが気の毒なんだよ。あっちが気の毒なのよ。あれは（小笠原諸島の）西之島《にしのしま》がガンガン大きくなってるから、ちょっと偵察《ていさつ》もしに来てるんだよ。

綾織　ああ、なるほど。

岡崎久彦　日本国土を増やしとるらしいというんで、「何か秘密兵器があって、国の面積を増やす方法ができてるんじゃないか」と見て、ちょっと探《さぐ》りに来てるんだ。たぶんな。

綾織　岡崎先生がおっしゃっている、東南アジアの国に海上保安庁が支援《しえん》したり、自衛隊が軍を支援したりするということ自体が日本として〝背骨〟を立てて、アジアの中心となる国になっていこうということだと思うのです。

岡崎久彦　うん。まあ、いいんじゃない？（外から）分からなくていいんじゃない？　背骨があると見えすぎるから。

綾織　ああ、はい。

岡崎久彦　（背骨が）なくていいんじゃない？　なくて、「オーストラリアに日本の潜水艦《せんすいかん》が十隻《せき》ぐらいある」とか、まあ、いいんじゃない？

綾織　はい、はい。

岡崎久彦　うん、実にいい。そんな感じになったら、いいんじゃない?

岡崎久彦氏はウクライナ問題をどう捉《とら》えているか

立木　少し話が変わるのですが、日本の外交の新しい可能性として、「ロシアとの関係をもっと強化していく」という面があると思うのですけれども……。

岡崎久彦　ああ、なるほど。

立木　今、欧米とロシアとは、ウクライナの問題で非常に対立しておりまして、ここを、いかに乗り越えるかというところだと思います。

岡崎久彦　うん。

立木　岡崎先生は、ご生前、アメリカ発の情報を主に参照されていらっしゃいましたが、天上界《てんじょうかい》にご帰天《きてん》されてからご覧になられて、このウクライナの問題について、日本は、どのように対応すべきだと思うか。日本としては、どのように動いて、うまく国益に結びつけたらよいと思うかというところを教えていただければ幸いです。

岡崎久彦　いやあ、（ロシアは）元は、日本の六十倍の面積がある国家だったからねえ。バラバラになってくれただけで、ありがたくて、ウクライナぐらい、どうでもいいっていうか、好きにしたらいいぐらいのレベルにしか見えんけどねえ。あれが一体だったときは、そらあ、怖かったよ。すごく怖かったけどねえ。

ＥＵの衰退《すいたい》に乗じて〝ヨーロッパ侵攻《しんこう》〟を図《はか》る中国

立木　ただ、欧米とロシアの対立が続きますと、ロシアが中国と接近して、日本としては、やや外交的に不利になるのかなという見方ができるのですけれども……。

岡崎久彦　まあ、どっちかというたら、ヨーロッパのほうが〝沈没《ちんぼつ》〟してるんだよね。ＥＵをつくったけど、はっきり言って、あんまり、ずっとうまくいってないわな。

ＥＵをつくったときの経緯《けいい》は、もちろん、日本と対抗するためだからねえ。実は、アメリカ、日本、ＥＵの三極体制のつもりでつくったもんだったからねえ。

だから、ＥＵが強かったら強かったで、日本の敵になる面を持ってるけど、今、ＥＵはＥＵで適度に溺《おぼ》れかかってるから。中国にも狙《ねら》われてるしね。

中国も、経済支配しようとして狙ってるので、元寇《げんこう》は……、元寇じゃなくて、〝元のヨーロッパ侵攻《しんこう》〟は、もう始まっているわけだなあ。あっちもなあ。

安倍《あべ》政権を救う可能性がある「プーチン大統領の譲歩《じょうほ》案」

岡崎久彦　まあ、しかたがないんじゃないの？　世界史のなかでは、いろいろなことがあるからさ。ロシアはロシアで、「大国ロシアだったときは、こんなことで言われるような筋合《すじあ》いはなかった」と思うとるだろうなあ。

あるいは、ソ連邦《れんぽう》のときなんかだと、他の共和国とかに軍事介入《かいにゅう》なんて、しょっちゅうやっとったことだからさあ。そんな、外国に言われるような筋合いはないわけで。「軍隊を送って、制圧する」なんて、いつもやってたことだからさあ。たぶん、罪の意識なんか、まったくないと思うよ。

それが、「バラけたんだから、弱くなれ」と言われてるんだけど、世界九位ぐらいのあたりでは、なかなか満足できんところがあるだろうねえ。

プーチンも、もうちょっと大きな国にしたいところだろうから。やっぱり、ウクライナ辺りを押さえないと、もうちょっと大きくなれんからねえ。そのへんの気持ちは分からんことはないけど、それで、あれがヒットラーみたいになるかと言えば、そういうふうになるとは思ってないよ。

ただ、任期制がある大統領とか、首相とかをやっている人たちにとっては、ああいうふうな手を使って、（任期を）長くし、〝終身制〟を狙ってるあたりが、いやらしいっていうところなんだろうけどねえ。

でも、一定の長さでやらないと、できない面もあるからねえ。

立木　そうしますと、欧米とロシアの対立については、「とにかく、日本としては時間を稼《かせ》ぎ、EUなど、欧米側が少し弱っていくのを見計らって、ロシアと関係強化を図《はか》る」というシナリオがよろしいのでしょうか。

岡崎久彦　今の安倍《あべ》さんでは、もう、そこまで行くかどうかは分かんないけど、プーチンさんのほうが、安倍政権の延命を助けたいと思うようだったら、大胆《だいたん》な譲歩《じょうほ》案を出してきて、近づいてくるとは思うけどねえ。

選挙があるのか知らんけど、まあ、年明けには、ロシアとの交渉に入るだろうから、万一《まんいつ》、向こうから譲歩が出てきて……、例えば、「シベリア鉄道から北海道を通って、ガーッと行けるような、大きな経済圏をつくろう。もう一つ、極東の繁栄《はんえい》圏をつくろうじゃないか」っていうような構想を持ってきて、それが政権の浮揚力《ふようりょく》になるようなことがあれば、いい話にはなるかもしらんけども……、うーん。まあ、このへんは、ちょっと交渉を見なきゃいかんけどね。

沖縄《おきなわ》県知事選の裏にある思惑《おもわく》と日本が取るべき方向

岡崎久彦　それに、アメリカも、多少嫉妬《しっと》するから、そのへんとの兼《か》ね合いは、微《び》妙《みょう》に難しいわな。

立木　はい。

岡崎久彦　オバマさんも、多少嫉妬はするでしょうな。そのへんを、どうするかなあ。

だから、今、沖縄で暴れてんじゃないの？　沖縄で頑張って、辺野古基地のところで暴れてみせ、アメリカの〝尻尾《しっぽ》〟を捕《つか》まえてるんじゃないの？　あれは、わざとやらせてるんじゃないの。

立木　では、そのへんの様子を見ながら、うまく機会を捉《とら》えていくという戦略でしょうか。

岡崎久彦　「アメリカも、完全な正義のヒーローではない」っていうところを、あやってして見せてるんじゃないの？　「アメリカも占領してるよ」って言ってるんでしょ？

要するに、ロシアが、ウクライナ、クリミアのことをやってるって言うけど、「沖縄《おきなわ》も、アメリカに七十年も占領されたままだよ」って、一生懸命《いっしょうけんめい》、ＰＲしてるんでしょ？

でも、「これは、沖縄が自主的にやってるように見えつつ、そうではないかもしれない」っていうところは知っといたほうがいいよな。「アメリカには、正義と平和のメッセンジャーだけではない面もある」っていうことをお見せしてるところ、つまり、知ってて・・・・・・やってるところも、ちょっとはあるのかなあとは思いますがねえ。

藤井　そうしますと、今の、戦後体制を見直していく流れのなかでの戦略的な動きなのかもしれないということですか。

岡崎久彦　知っててやってる面はあるから。翁長さん（沖縄県知事）だっけ？　あちらのほうにも、（日本政府は）手は伸《の》ばしてるようには見える。もう見越して、手は伸ばしていて……、だんだん骨抜きにされるだろうとは思うよ。とろかしていくと思うよ、たぶんね。

だけど、それには知っててやってるところはあるので、（政府も）そんなにバカではないんだよなあ。

アメリカが完全な正義であったら、日本にとって、具合が悪いところがあるんですよ。だいたいの正義であって、アメリカにも、一部、不正義がないと。アメリカの正義を丸ごと押しつけられると、日本としては、自主独立路線が取れないところがあるから、「アメリカにも、やや、分不相応にやりすぎたところがある」というところは、国際的なバランスを取っていく意味で、若干《じゃっかん》、役に立つところがあるんだな。

ただ、基本は、今のところ、まだ、日米協調路線が中心でなければ、あんまりうまくいかないとは思うけどね。

中国による「反日の動き」に対する考え方

藤井　中国・韓国による反日の動きの背景の一つには、アメリカの「戦後秩序《ちつじょ》を維《い》持《じ》したい」という思惑《おもわく》も絡んでいるという議論もあるわけですけれども、そのあたりは、どのようにご覧になっていますでしょうか。

岡崎久彦　中国人も、「反日映画」に、もう飽《あ》き飽きしてるんだよ、ほんとは。もう観てられないの。毎回、ワンパターンで、悪い日本人が来ては、乱暴狼藉《らんぼうろうぜき》を働いてきて、昔の日本の時代劇の悪代官が暴れるようなのを、ずっと観せられてる。そういうのを延々とやらされてるし、最近は、中国にも、ハリウッドの様子とかがだいぶ入ってきてるから、このレベルの低い映画路線には、もう、いいかげん飽き飽きしてるわけよ。あれは、戦争中、日本がやったことをまねしてるような状態が、いまだに続いてる感じなんでねえ。

まあ、物事を全部、悲観的に考えないほうがいいかもしらんし、中国人っていうのは、とにかく、面《つら》の皮が何重にもあると思ったほうがええよ。皮を脱《ぬ》いだら、〝お面《めん》〟が何枚も何枚も出てくる。その顔は、どれも本物さ。一番上も本物だし、二番目も三番目も本物なんだよ。どんな〝お面〟を外に出しても生き残るという術《すべ》を持って、何千年も生きてきた、〝しぶとい〟国民なんだよ。

8　幸福の科学グループをどう見ているか

「国家の予備戦力」として精鋭《せいえい》部隊を育てよ

綾織　先ほど、「あんまり背骨が見えてはいけない」というお話もありましたけれども、幸福の科学や幸福実現党の場合、その背骨が、もろに見えている……。

岡崎久彦　今のところ、まだ、〝小魚〟の背骨ぐらいしか……（苦笑）。まだ、「呑《の》み込《こ》んで、喉《のど》に引っ掛《か》かったらいけない」というあたりなんじゃないんですか（笑）。

綾織　いや（苦笑）、小魚のつもりはないのですけれども……。

岡崎久彦　アジまでいってるかなあ。アハハ。

綾織　岡崎先生は、生前も、ＨＳ政経塾《せいけいじゅく》や幸福実現党を応援《おうえん》してくださり、精神的にも、いろいろなかたちで支援をくださっていました。今、天上界《てんじょうかい》に還《かえ》られて、どういうふうに思われているのかおっしゃっていただけたら……。

岡崎久彦　いや、やっぱり、将来の準備って要《い》るよね。

綾織　はい。

岡崎久彦　例えば、卵の状態であっても、持っていたら、いざというときに、それが孵化《ふか》して、急速に大きくなり、代替《だいたい》勢力になる可能性はあるわな。

だから、そういう意味での準備ってのは必要で、「予備戦力」を持っとかないとね。国家っていうのは、常に「予備戦力」がないと駄目《だめ》だな。
今の野党、まあ、民主もかなり人気がないけど、それ以外の野党にも、人気があるところはないわね。

綾織　はい。

岡崎久彦　基本的には……、まあ、公明には、三、四パーセントぐらいの支持があるのかもしらんし、あと、民主が八パーセントか九パーセントか知らんけど、そのくらいでしょ？　自民が三十パーセント台ぐらいで、あとは全部、一パーセント以下、ゼロパーセントまで並んでて、君らとそんなに大きな差はないからさあ（笑）。
最後、どこも頼《たよ》るところがなくなってきたとき、どっかに〝切り札〟が潜《ひそ》んでるっていうことは大事なことだと思うし、その日に向けて、精鋭《せいえい》部隊を育てとくっていうことも大事なことじゃないかなあ。

綾織　「その時間は、できるだけ短くしたい」という気持ちはあります。

岡崎久彦　そらあねえ、やっぱり、「天意《てんい》」だから。天意が、どう降《ふ》ってくるかによるわなあ。

立木　その時間のところなのですけれども、仮に、安倍《あべ》さんが駄目になり、その後も、自民党政権が続くとすると、岡崎先生からご覧になって、「これは」というような方は、自民党のなかにいらっしゃるのでしょうか。

岡崎久彦　うーん。まあ、若干《じゃっかん》、弱くなるだろうねえ。自民単独で過半数を取ってるうちはやるだろうけども。

まあ、民主にだって、分裂《ぶんれつ》の芽はあると思うよ。保守系とそうでない民主、組合がぶら下がってる民主と、そうでない民主もあるだろうから。まあ、昔の社会党に代わるような感じで、自民を助けるような民主の感じで行く場合も、可能性としてはあるし、烏合《うごう》の衆《しゅう》みたいな野党が、また、まとまろうとするかもしれないし、まあ、いろいろあるとは思う。

でも、今は自民・公明の連立になってるけども、長いトレンドで見ると、「公明のところに代わって、幸福実現党がある程度大きくなって、組めるようになるといいだろうな」っていうイメージが描けるようになってくるんじゃないかとは思うんだけどねえ。

大きく成長した「ヒヨコ」に対するアドバイス

立木　本日のタイトルは、「外交評論家・岡崎久彦――後世に贈《おく》る言葉――」ということで……。

岡崎久彦　あっ、そうかあ。何か、いいことを言わないといかん。

立木　このようなテーマを頂いておりますが、後世を担《にな》う勢力として、われわれ、幸福実現党、そしてHS政経塾も、今、そういう準備を重ねております。

今また、戦い（総選挙）が迫《せま》っており、とにかく、未来の日本を背負い、未来の世界を背負うということで頑張《がんば》っているのですけれども……。

岡崎久彦　ああ、大きくなってきたんだよ。君らはヒヨコだったけど、ヒヨコを入れてる籠《かご》が小さくなってきて、いろいろなところとぶつかってぶつかってし始めてるんだよ。さまざまな制度とぶつかって、「出せ、出せ、出せ！　籠から出せ！」って暴《あば》れてるんだよ。「もっと大きな鳥籠にしてくれんと、もう、このままではいられない。次は、庭を歩かせろ！　その次は、空を飛ばせろ！」って言って……。

そういう意味で、そのたびに、ぶつかりが出るからさあ。いろいろなものにぶつかってることを、そんなにマイナスに思わんほうがいいよ。

立木　はい。

岡崎久彦　それは、大きくなってきたからなんだよ。実際に、大きくなったんだよ。文科省だって、もし、君らのを通したら、もう完全に〝こけ〟にされた状態になるわけだからね。

次は、どうせ、「もう（文科省を）廃止《はいし》しろ」と言われるんだろう？　〝門〟を開けたらどうなるかって、君らの言うことは、もう分かってる。きっと、「文科省は要らないから、廃止して、財政再建に入れ。この役所は、国家から取り除いたほうがよろしい。民間に任せろ」と言うに違《ちが》いないわなあ。それを知ってるんだよ。

立木　むしろ、今回の件（幸福の科学大学の不認可）があり、「文科省は規制だらけだから、要らないのではないか」ということが分かったので、今回の選挙では、そういうかたちで主張する可能性が高まっております。

岡崎久彦　実際、そういうふうになってきたので、もう、君たちを〝容《い》れ物〟に入れとくのが無理になってきつつあるわけだ。だから、どこかで妥協点《だきょう》を探《さぐ》るなり、裏で手を握《にぎ》るなり、まあ、何かしなきゃいけなくなってくるだろうと思うよ。

文科省による「霊言《れいげん》の否定」は、時間稼《かせ》ぎのための必死の抵抗《ていこう》

綾織　文科省は、どうでもよいのかもしれませんけれども、ここは霊言《れいげん》の場ですので、お伺《うかが》いします。

文科省は、「霊言には科学的合理性がない」など、いろいろなことを言ってきているのですが……。

岡崎久彦　いやあ、そんなもんは、必死の抵抗《ていこう》だよ。自分らも、目茶苦茶《めちゃくちゃ》を言うてることは知ってて、ちゃんと分かってるから。

綾織　ああ、そうなのですか。

岡崎久彦　分かってるから、大丈夫《だいじょうぶ》、大丈夫。大丈夫なの。もう、十分、分かってて、時間稼《かせ》ぎしてる。

綾織　あっ、時間稼ぎ？

岡崎久彦　うん。単に、時間稼ぎなんです。「自分らがいる間だけ、身がもてばいい」と。まあ、それだけだ。

綾織　そうなのですね。

岡崎久彦　永遠普遍《ふへん》のことなんて、何にも考えてない。まったく、考えてないから。あんなのねえ、通るわけがない。

綾織　はあ。

岡崎久彦　通るわけないですよ（笑）。宗教を全部敵に回すことだしさ。

綾織　そうですね。

大手新聞社をも敵に回した文科省の「政治音痴《おんち》」ぶり

岡崎久彦　それから、「大手新聞に広告が載《の》ってることなんか、何ら科学的合理性の根拠《こんきょ》にならない」なんて言って、新聞社を全部、敵に回したのと一緒《いっしょ》ですから。いかに、政治音痴《おんち》かが、よく分かるわな（注。文科省による幸福の科学大学不認可の理由として、「霊言は、実証可能性や反証可能性を有しているか否《いな》かという点で疑義がある」「新聞広告に社会的信用の有無《うむ》を判定する機能はない」旨《むね》等が挙げられている）。

やっぱり、新聞の審査《しんさ》っていうのは、かなり厳しいですから。だから、あなたが、この「岡崎久彦の霊言」を（本にして）出して、広告を出したら、たぶん広告は通るはずだよ。載るはずだけど。

綾織　はい。

岡崎久彦　ほかのところで、『岡崎久彦の霊言』っていうのを出したって（新聞広告に）載らないよ、たぶん。積み重ねてきた何十年の信用っていうのは、そうとう大きいもんだよ。やっぱりねえ、そらあ、全然違うんだ。

全然違うんだけど、その違うっていうことを分かられすぎるっていうのは、日本的文化にとっては、あんまりいいことではないから。何となく平等にしてるようには見せなきゃいけないけど、現実には、ものすごい差が、実は出てきてるのよ。

綾織　うーん。

岡崎久彦　だけど、今までの〝最高スピード制限〟から言えば、三代目ぐらいで大学までを認めるのが最高速度だった、と。制限速度では、これがいちばん早くて、普通は何百年とか千年、二千年とかいうような、「これはもう歴史の彼方《かなた》だから、まあ、どうでもいいでしょう」と。「今さら反対する人もいないでしょう」と。

だから、「〝生きてる宗教〟のは、三代目ぐらいで認めるのが過去最高速度です。初代で認めろっていうのは、スピード制限で時速二百キロを超《こ》えてますよ。これを認めたら、おまわりさんもクビになりますわ」っていうような、まあ、そんなところで。

だから、「それを見てて、見過ごしたら何か言われるかいなあ」っていうところで保身してるっていう、それだけのことだよなあ。

「二流官庁を相手にしなくていい」と言う岡崎久彦氏

綾織　では、文科省の話題は置いておきまして……。

岡崎久彦　もう、そんな二流官庁を相手にしなくていいよ。

綾織　（笑）はい、はい。

岡崎久彦　君たちに劣等感《れっとうかん》を持ってんのよ、はっきり。だから、二流なのよ。ただ、二流にねえ、「二流だ」と言ったところに間違いがあるんだよ。それをはっきりねえ、意識させたところに問題があるの。二流には言っちゃいけないんだ、決して。決して言ってはいけない。「三流ではない」って言わなきゃいけないの（会場笑）。

綾織　（笑）そうかもしれません。

では、文科省は置いておきまして、霊言を通して、「霊界《れいかい》の証明」や、「霊の存在証明」をやっているわけですけれども。

岡崎久彦　もう、「真理」は君らの側にあるのは分かってるからさあ。これは正しいに決まってるじゃない。

だけど、科学で、こんなの実証ができるわけないじゃないの。科学なんて最近できたもんで、科学で実証できる学問なんて、数えるほどしかないよ。

「文系の学問」なんて、そんなもの、ほとんど引っ掛からない。「外交」なんて、科学でなーんにも分析《ぶんせき》できませんよ。してごらんなさいよ。どう外交したら科学的に正しいんですか？　実証してください。そんなもん、ありませんよ。

まあ、人の思想の数だけ、やり方はありますから。こんなもん、なーんにもありません。

政治の世界で、どういうスピーチをしたら科学的に当選するか。そんなもんありえませんよ。全然ない。

岡崎久彦氏が明かす〝霊界《れいかい》の最新情報〟とは？

綾織　岡崎先生の場合は、年初に守護霊霊言《しゅごれいれいげん》というのがありました（前掲《ぜんけい》『日本外交の盲点《もうてん》』参照）。そして、今回は、ご本人がお亡《な》くなりになっての霊言でして……。

岡崎久彦　うん、うん。元気だろ？　死んだわりには。

綾織　はい（笑）。なんか、だんだん元気になっていかれますけれども。

岡崎久彦　うん、元気なんだ。もう、うれしくてしょうがないわ、何かなあ。

綾織　この両方（「守護霊霊言」と「本人の霊言」）を経験している……。

岡崎久彦　ああ、唯一《ゆいいつ》の人？

綾織　ええ。その立場から、霊言による「霊界《れいかい》の証明」というのを語っていただくとすると、何かあるのでしょうか。

岡崎久彦　やっぱりねえ、外務省に入れるぐらいの一流の人材でないと理解できないから。あの二流の官庁では、ちょっと理解できないんじゃないか？

綾織　ああ、そういうことですか（笑）。

岡崎久彦　うん、基本的に無理なんじゃないか。頭がちょっと足りないんだよ。

藤井　冒頭《ぼうとう》、総裁からも、「もしかしたら、何か天上界《てんじょうかい》の極秘《ごくひ》情報を明かしていただけるかもしれない」というお話がありましたけれども。

岡崎久彦　ああ、極秘情報が？　うん。極秘情報、極秘条項……。過去世《かこぜ》、上皇《じょうこう》だったとか言ったらよかったりして。

綾織　上皇？

岡崎久彦　あ、いや、冗談《じょうだん》、冗談、冗談、冗談（会場笑）。まあ、大したことないからさあ。

幸福の科学とは、外交戦略において「つながっていた」

藤井　生前、好意的にお付き合いくださったと思うのですけれども、ハッピー・サイエンス（幸福の科学）についての意見や、どう見ているかというあたりのところを、必ずしもはっきりおっしゃられていないかと思うのです。

岡崎久彦　まあ、安倍さんのアドバイザーであり、幸福の科学のアドバイザーでもあったわけだから、つながってたわけだ。だから、「外交戦略」においてはつながってはいたと思う。

外交は、基本的に大川総裁が言う方向が「未来」で、私の遺言《ゆいごん》は、こちらの方向にだいたいあると見ていいと思う。

だけど、経済政策については、私はちょっと十分には分からないところがあって、経済のほうは、大川総裁のほうが私よりよく分かるようなので、そちらのほうについては意見を言えるほどではないけど。まあ、だいたいは合ってんじゃないの。だから、アベノミクスをやって、消費税増税とダブルでかけたときに、もはや見限って、「あ、これは失敗だ」と見てたんでしょ?

この頭のよさは、そらあ官僚《かんりょう》ではちょっと無理だと思うね。財務官僚より頭がいいんだろう?　まあ、しょうがない。これはしかたないわ。(官僚は)何回失敗しても分からないんでしょ?

綾織　そうですね。

岡崎久彦　あれねえ、私の口から言うのはちょっと恥《は》ずかしいけども、うーん、財務官僚って女にもてないんじゃないかねえ（笑）。なんか「焦《あせ》り」だねえ。あれは、口説《くど》く順序を知らないね。

外務省なんかは、やっぱり、ちゃーんと雰囲気《ふんいき》ね？　適当な酒、マナー、まあ、そういう雰囲気に浸《ひた》らせて、手順を踏《ふ》んで女性を口説いていくような、そういう〝教育〟は受けるもんだけどねえ。財務省っていうのは、まあ、「焦り」だねえ。残業代を稼ぎながら、合間《あいま》に女性とデートしてるような、なんかそんな「焦り」の感じを受けるねえ。

岡崎久彦氏が霊界《れいかい》に還《かえ》って出会った人たちとは？

綾織　すみません。ちょっと、霊界《れいかい》の証明のところにこだわるんですけれども。

岡崎久彦　あ！　そうか（会場笑）。

綾織　お亡くなりになって三週間ですので、その後、どのような過ごされ方をしていたのか、非常に気になるところがあります。

岡崎久彦　なるほど！

綾織　霊界で誰《だれ》かに会われたりとか、あるいは、地上界で、どういうところにご挨《あい》拶《さつ》に行かれたりとか、どういう過ごされ方をしていたのでしょうか。

岡崎久彦　まあ、何て言うかな。ほぼ、〝満行《まんぎょう》〟だからね。特に執着《しゅうちゃく》も残ってはいないんで。

綾織　ああ、そうですか。

岡崎久彦　外交関係のほうは、少しは気にかけて見てはいたけど。まあ、あの世は、行ったり帰ったり、行ったり帰ったり、ちょっと、してはおりますけどね。うーん、新しい人脈ができつつあるところかな。だから、思いのほか、明治維新《いしん》以降の、いろんな活躍《かつやく》をされたような感じの人たちが。

綾織　はい。

岡崎久彦　なんか、〝名刺交換《めいしこうかん》〟って言ったらあれだけど、ちょっとずつ挨拶して、「おお、そんな人だったんか」みたいな感じが……。

綾織　ああ、そうですか。それは、非常に興味深いところです。

岡崎久彦　みんな、けっこうね、君らにすごく関心を持ってるみたいだから。うーん、次の時代の起爆剤《きばくざい》になるんじゃないか?　きっと、明治のころに革命を起こした人たちは、みんな、幸福の科学にそうとう縁《えん》があって、つながってるようだよ。だから、挨拶にずいぶん来るよ。

綾織　例えば、どういう方々ですか。

岡崎久彦　例えばって、もう、もう、もう、もう、オンパレードよ、ほぼ。

綾織　ああ、そうですか。

岡崎久彦　うん。みんな出てくるよ。だから、「おお、そうか。やっぱり、そこまで根っこは深かったか」っていうのを、今、感じてはいるんで。

綾織　それは、維新の、その……。

岡崎久彦　偉《えら》い人たちな、ほとんど。

綾織　勝海舟《かつかいしゅう》さんとか……。

岡崎久彦　うーん、出てくるね。

綾織　西郷《さいごう》さんとか。

岡崎久彦　うん。みんな出てくる。

綾織　ああ、そうですか。

岡崎久彦　だから、「ああ、そうか。やっぱり、こういう流れなんだな」と。まあ、私は、日本を大きくするところまでいかなかったけども、君らは、まだ、次の〝ロケット〟、成層圏外《せいそうけんがい》に出るための〝噴射《ふんしゃ》ロケット〟を持ってるんじゃないかなあ。

綾織　なるほど。

岡崎久彦　これは君たちの仕事だろうからさあ、あれだけども。私らの仕事は、もうだいたい終わりなんで、しょうがない。まあ、次の代、まだ若い人まで入れたら今世紀いっぱい、たくさん暴れられるだろ。きっとな。

だから、まだまだ日本は捨てたもんじゃないよ。「人材は山の如《ごと》し」だわ。たっくさんいるわ。

9　岡崎久彦氏から「日本人に贈《おく》る言葉」

「信仰心《しんこうしん》のあるインテリジェントな人」が数多く育つことが大事

綾織　今のお話とつながるとは思うのですけれども、最後に、「日本人に贈《おく》る言葉」ということで頂ければと思います。

岡崎久彦　ああ、そうだね。これは少しリップサービスをしないといかんなあ。

綾織　いやいや。正直にお話ししていただければいいと思います。

岡崎久彦　それは、まあ、信仰心《しんこうしん》がなかったらいけませんねえ。信仰心を持ちなさい、信仰心を。日本が一流国家になるためには、「信仰心のあるインテリジェントな人」が、数多く育つことが大事だと思いますね。

だから、インテリジェンス、「情報」という意味ではないほうの、インテリジェント（知的）な人たちっていうか、頭のいい人が、無神論、唯物論《ゆいぶつろん》に、みんな走っていくようだったら、それは中国寄りになっていくということだしね。ソ連が崩壊《ほうかい》したあとに、中国が崩壊しないで持ち堪《こた》えてるけど、習近平《しゅうきんぺい》は、相変わらず無宗教を一生懸命《いっしょうけんめい》に押《お》しつけようとしとるようだから。

やっぱり、「学問や科学は、そちらに行きたいんか」っていうことを自問自答して、信仰心のある人が立ってないと駄目《だめ》だし、そういう人が道徳もつくらなきゃいけない。信仰心や道徳の流れのなかに、科学技術文明もついていかないといけないわけで。逆であってはいかんということは、知らないといかんと思うな。

あと、どうやったら国を発展・繁栄《はんえい》させられるかっていうことは、幸福の科学さんが、これからやることなんじゃないの？　たぶん、君らが、ヒヨッコから大きくなってくるところで力が出てきて、われわれの世代が死んでいくことが、君たちにとっての幸福なんだよ。

綾織　いえいえ。

岡崎久彦　あの世に還《かえ》っていくことで、（君たちが）「さあ、そろそろ本気出すか」っていう感じになるからさ。

もう、政治家も官僚《かんりょう》も、みんな消えていくから。どんどん、どんどん消えていくので。まあ、将来の大きなビジョンを持ってねえ、やったらいいよ。今、世界的なスケールで物事を考えられるところって、そんなにないから。日本にもないので。役所も縦割りでやってるし、政治家でも、そこまで考えられる人は、そんなにいない。ほぼ、いないのでね。

だから、「大きな志《こころざし》と視野を持った人材」を育てることが大事だね。

まあ、大学のこととか、ちょっとクヨクヨしてるかもしらんけども、そろそろ、あなたがたのことを話題にできるような土壌《どじょう》というか、舞台《ぶたい》ができつつあるんだというふうに思って、やっぱり、めげずに頑張《がんば》って、困難と戦ってこそ、新時代が開けるんだ、と。そういうのを経《へ》ないで時代の扉《とびら》を押し開けた人は、いまだかつていないんで。

だから、文科省から〝脱藩《だっぱん》〟しようとしてるんでしょう？　ハハハハハ。いよいよじゃないですか。

そして、日本の国も、きっと超《こ》えるんでしょ？　超えて、海外にまで思想を広げていくんでしょう？　これは、本当に「マルクス」を世界中から葬《ほうむ》ってしまうような新しい運動なんでしょ？

綾織　そうです。

岡崎久彦　面白《おもしろ》いねえ。
アメリカもロシアも中国も韓国《かんこく》も、それからアラブもアフリカも、全部入れて、まとめて〝相撲《すもう》〟取ってやろうかっていうふうな感じなんでしょう？　面白いねえ。
あの世で楽しみにして見てるよ。

「あと三十年もしたら、世の中の景色はそうとう変わっている」

岡崎久彦　まあ、すぐにはいかないかもしれないけども、うーん、今、（幸福の科学の立宗《りっしゅう》から）三十年弱か。どうだねえ、君らは、まだ生きとるかなあ……。あと三十年もしたら、ずいぶん変わってると思うな。すっごい変わってると思うな。

綾織　三十年（笑）。

岡崎久彦　「五十年」と言いたいけど、五十年はかわいそうだから、「三十年」に縮めとく。三十年したら、そうとう世の中の景色は変わってると思うなあ。（立宗のころに）新しく生まれてきた人は六十になるんだろう？　時代は、そうとう変わってると思うなあ。

だから、君らが今言ってるようなことは、みんな遠い小さなことになる。「岡崎」っていう名前も、もう消えてるかもしらんがなあ（笑）。

綾織　いえいえ、とんでもないです。まあ、その三十年というのを短くできるように頑張っていきたいと思います。

岡崎久彦　いやあ、どこまで目指してんの？　だって、君らが「新しい国連」をつくろうとしてるんでしょ？

綾織　そういう役割を果たしていきたいと思います。

岡崎久彦　まあ、三十年ぐらいはかかるだろうよ。

綾織　そこまで入れれば、確かにそうですね。

岡崎久彦　そうでしょう？　ローマ法王もダライ・ラマもできないことをやろうとしてるんでしょう？　そらあ、そんなもんでしょう。まあ、三十年あれば、けっこう行くんじゃないか。

綾織　ありがとうございます。
岡崎先生が地上にいらっしゃらなくなって寂《さび》しくなりますけども。

立木　ＨＳ政経塾生《せいけいじゅくせい》も非常に寂しがっておりましたけれども。学恩《がくおん》に報《むく》いるべくがんばってまいりますので。

岡崎久彦　いやあ、もう若返りの時期だよ。〝立木先生の時代〟が来ようとしてるんだよ。

立木　いえいえいえいえ。ありがとうございます。

岡崎久彦　私みたいな老体が、いつまでも、いとったらいけないよな。

綾織　いえいえ。たいへんお世話になりました。この場をお借りしまして感謝を申し上げたいと思います。ありがとうございました。

岡崎久彦　うん、うん。まあ、天上界《てんじょうかい》から密《ひそ》かに応援《おうえん》しとるし、ときどきは、安倍《あべ》さんが幽霊《ゆうれい》に取り憑《つ》かれてるときに、代わりに私のほうが取り憑いて、耳元でささやくようには努力するから。まあね。うーん、嫌《いや》かなあ。いや、やっぱりいいだろう。

綾織　はい、必要なことだと思います（笑）。

岡崎久彦　まあ、軍人よりはいいんじゃないか（注。首相公邸《こうてい》には、東條英機《とうじょうひでき》、近衛文麿《このえふみまろ》、廣田弘毅《ひろたこうき》の、大東亜《だいとうあ》戦争に関係している三人の元首相の霊が〝幽霊〟として出てきて、安倍総理の〝家庭教師役〟をしていることが、過去のリーディングで判明している。『「首相公邸の幽霊」の正体』〔幸福の科学出版刊〕参照）。

綾織　そうですね。

岡崎久彦　ときどきは、一人で寝《ね》るときもあるようだから、耳元で何かささやくように努力するわ。

立木　本日は、本当にありがとうございました。

岡崎久彦　うん。じゃあ、ありがとう。

綾織　ありがとうございます。

10　岡崎久彦氏の霊言《れいげん》を終えて

大川隆法　（手を二回叩《たた》く）まあ、何だか、ご機嫌《きげん》でよかったですね。苦しんでも悩《なや》んでもいなくて。

綾織　そうですね。

大川隆法　最近の（霊言《れいげん》で登場する）人のなかには、死んだことも分からない人がよく出てきますから。

綾織　地上界で最後にお話ししたときよりも、かなり滑《なめ》らかに話されていました。

大川隆法　そんな感じですね。元気になられて、力が満ちてきているようです。

綾織　はい。

大川隆法　おそらく、天上界《てんじょうかい》のほうを経験するのは、もう少し時間がかかるでしょう。まだ亡《な》くなって三週間ぐらいだと、ときどき連れていってもらっては戻《もど》ってきたりしているぐらいのあたりかとは思います。

ただ、気分的に見たら、かなり〝ハイ〟なところにいるようですから、天使たちとの交流は始まっていると見てよいのではないでしょうか。

これは、もしかしたら、「霊言の証明」に来てくださったのかもしれませんね。高名《こうめい》な方々にも応援《おうえん》していただいているということは、本当にありがたいことだと思っています。

さらに、バトンタッチをして、「次の代、頼《たの》んだよ」という遺言《ゆいごん》もあったように聞きましたので、何とか、この国が間違《まちが》わずに進んでいくようにしたいと思います。

本日は、どうもありがとうございました（手を二回叩く）。

綾織　ありがとうございました。

あとがき

私の霊言集は、人間の営みに関する森羅万象《しんらばんしょう》を取り扱って社会教育、啓蒙の一助をになってきた。実際に日本の政治・経済・外交・教育、ジャーナリズム、宗教、サブカルチャーにかなりの影響を与えてきた。一方、毎年十二月に刊行される「法シリーズ」は、翌年の社会文化現象のキーワードとして長らく影響を与えてきた。たとえば今年は『忍耐の法』、来年は『智慧《ちえ》の法』といった具合だ。ある種の日本のトレンドメーカーでもあったと自負している。

プーチン氏側近からは、プーチン大統領自身が自分の守護霊霊言のロシア語版を読んで喜んでいるといった書簡が届いたり、アメリカのマーケティング論の大家、フィリップ・コトラー氏からは、「日本で幸福論を自分も説いてみたい。」という意見が寄せられるといった具合だ。

着実に国際世論にも影響を与え続けている。

ネパールの政権から、毛沢東派を排除したり、オーストラリアを親中路線から親日路線に変えさせる努力もやってきた。アメリカやヨーロッパで、従軍慰安婦像の撤去運動を熱心にやっているのも海外の幸福の科学信者である。インドやスリランカにも数十万人の信者がいて、安倍総理の対中包囲外交を助けている。信者はイラン、ドバイ、トルコ、イスラエル、エジプトなどにもいるので面白い。国際的宗教紛争を私の説法で押し止《とど》めている。アフリカでも毎週各国のTV局で私の説法が流れ、ケニアでは、全国の高校の副読本として、私の『常勝思考』『不動心』などが採用されている。ほとんど日本人の多くは、マスコミが報道制限をかけているので知らないことばかりだろう。

本書が明るい地球の未来の建設のための一助となることを願うばかりである。

二〇一四年　十一月十九日

幸福《こうふく》の科学《かがく》グループ創始者兼総裁《そうししゃけんそうさい》　大川隆法《おおかわりゅうほう》

『外交評論家・岡崎久彦 ――後世に贈る言葉――』大川隆法著作関連書籍

『日本外交の盲点』（幸福の科学出版刊）
『文部科学大臣・下村博文守護霊インタビュー』（同右）
『文部科学大臣・下村博文守護霊インタビュー②』（同右）
『宗教学者「X」の変心』（同右）
『「首相公邸の幽霊」の正体』（同右）
『自由を守る国へ』（同右）
『安倍総理守護霊の弁明』（同右）

外交評論家《がいこうひょうろんか》・岡崎久彦《おかざきひさひこ》 —後世《こうせい》に贈《おく》る言葉《ことば》—

2014年11月20日　初版第1刷

著　者　　大《おお》川《かわ》隆《りゅう》法《ほう》

発行所　　幸福の科学出版株式会社

〒107-0052 東京都港区赤坂2丁目10番14号
TEL(03)5573-7700
http://www.irhpress.co.jp/

印刷・製本　株式会社 東京研文社

落丁・乱丁本はおとりかえいたします

ISBN978-4-86395-609-4 C0030

大川隆法シリーズ・最新刊

自由を守る国へ
国師が語る「経済・外交・教育」の指針

アベノミクス、国防問題、教育改革……。国師・大川隆法が、安倍政権の課題と改善策を鋭く指摘！ 日本の政治の未来を拓く「鍵」がここに。

1,500円

安倍総理守護霊の弁明

総理の守護霊が、幸福の科学大学不認可を弁明！「学問・信教の自由」を侵害した下村文科大臣の問題点から、安倍政権の今後までを徹底検証。

1,400円

ソクラテス「学問とは何か」を語る

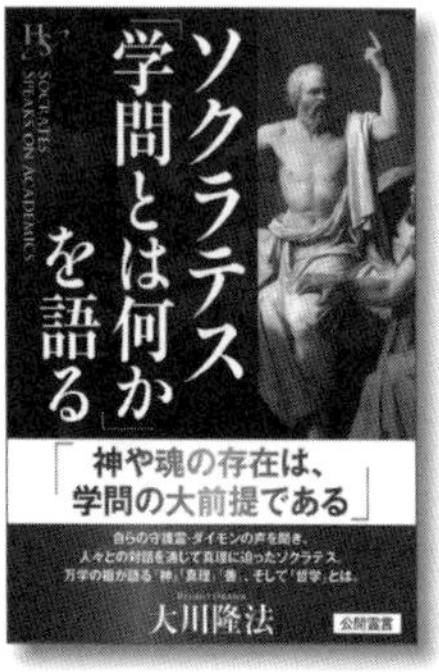

学問とは、神様の創られた世界の真理を明らかにするもの——。哲学の祖・ソクラテスが語る「神」「真理」「善」、そして哲学の原点とは。

1,500円

※表示価格は本体価格（税別）です。

公開霊言シリーズ・文科行政のあり方を問う

スピリチュアル・エキスパートによる 文部科学大臣の「大学設置審査」検証（上）

里村英一・綾織次郎　編

６人の「スピリチュアル・エキスパート」を通じ、下村文科大臣の守護霊霊言を客観的に分析した〝検証実験〟の前編。大学設置審査の真相に迫る！

1,400円

スピリチュアル・エキスパートによる 文部科学大臣の「大学設置審査」検証（下）

里村英一・綾織次郎　編

下村文科大臣の守護霊霊言に対する〝検証実験〟の後編。「学問・信教・言論の自由」を侵害する答申が決定された、驚きの内幕が明らかに！

1,400円

大学設置審議会 インサイド・レポート

大学設置分科会会長 スピリチュアル・インタビュー

数多くの宗教系大学が存在するなか、なぜ、幸福の科学大学は「不認可」だったのか。政治権力を背景とした許認可行政の「闇」に迫る！

1,400円

大川隆法霊言シリーズ・安倍政権のあり方を問う

安倍新総理 スピリチュアル・インタビュー

復活総理の勇気と覚悟を問う

自民党政権に、日本を守り抜く覚悟はあるか!? 衆院選翌日、マスコミや国民がもっとも知りたい新総理の本心を問う、安倍氏守護霊インタビュー。
【幸福実現党刊】

1,400円

吉田松陰は安倍政権をどう見ているか

靖国参拝の見送り、消費税の増税決定──めざすはポピュリズムによる長期政権? 安倍総理よ、志や信念がなければ、国難は乗り越えられない!
【幸福実現党刊】

1,400円

「首相公邸の幽霊」の正体

東條英機・近衛文麿・廣田弘毅、日本を叱る!

その正体は、日本を憂う先の大戦時の歴代総理だった! 日本の行く末を案じる彼らの強い信念が語られる。安倍首相守護霊インタビューも収録。

1,400円

※表示価格は本体価格(税別)です。

大川隆法ベストセラーズ・日本のあるべき姿を考える

国際政治を見る眼

世界秩序《ワールド・オーダー》の新基準とは何か

日韓関係、香港民主化デモ、深刻化する「イスラム国」問題など、国際政治の論点に対して、地球的正義の観点から「未来への指針」を示す。

1,500円

「集団的自衛権」はなぜ必要なのか

日本よ、早く「半主権国家」から脱却せよ! 激変する世界情勢のなか、国を守るために必要な考え方とは何か。この一冊で「集団的自衛権」がよく分かる。
【幸福実現党刊】

1,500円

「特定秘密保護法」をどう考えるべきか

藤木英雄・元東大法学部教授の緊急スピリチュアルメッセージ

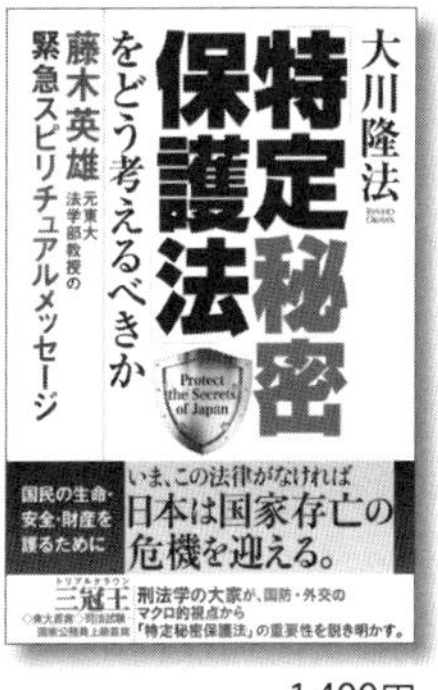

戦争の抑止力として、絶対、この法律は必要だ! 世論を揺るがす「特定秘密保護法案」の是非を、刑法学の大家が天上界から〝特別講義〟。

1,400円

幸福の科学出版

幸福の科学グループのご案内

宗教、教育、政治、出版などの活動を通じて、地球的ユートピアの実現を目指しています。

宗教法人　幸福の科学

一九八六年に立宗。一九九一年に宗教法人格を取得。信仰の対象は、地球系霊団の最高大霊、主エル・カンターレ。世界百カ国以上の国々に信者を持ち、全人類救済という尊い使命のもと、信者は、「愛」と「悟り」と「ユートピア建設」の教えの実践、伝道に励んでいます。

（二〇一四年十一月現在）

愛

幸福の科学の「愛」とは、与える愛です。これは、仏教の慈悲《じひ》や布施《ふせ》の精神と同じことです。信者は、仏法真理をお伝えすることを通して、多くの方に幸福な人生を送っていただくための活動に励んでいます。

悟り

「悟り」とは、自らが仏の子であることを知るということです。教学《きょうがく》や精神統一によって心を磨き、智慧《ちえ》を得て悩みを解決すると共に、天使・菩薩《ぼさつ》の境地を目指し、より多くの人を救える力を身につけていきます。

ユートピア建設

私たち人間は、地上に理想世界を建設するという尊い使命を持って生まれてきています。社会の悪を押しとどめ、善を推し進めるために、信者はさまざまな活動に積極的に参加しています。

海外支援・災害支援

国内外の世界で貧困や災害、心の病で苦しんでいる人々に対しては、現地メンバーや支援団体と連携して、物心両面にわたり、あらゆる手段で手を差し伸べています。

自殺を減らそうキャンペーン

年間約３万人の自殺者を減らすため、全国各地で街頭キャンペーンを展開しています。

公式サイト **www.withyou-hs.net**

ヘレンの会

ヘレン・ケラーを理想として活動する、ハンディキャップを持つ方とボランティアの会です。視聴覚障害者、肢体不自由な方々に仏法真理を学んでいただくための、さまざまなサポートをしています。

公式サイト **www.helen-hs.net**

教育

学校法人 幸福の科学学園

学校法人 幸福の科学学園は、幸福の科学の教育理念のもとにつくられた教育機関です。人間にとって最も大切な宗教教育の導入を通じて精神性を高めながら、ユートピア建設に貢献する人材輩出を目指しています。

幸福の科学学園

中学校・高等学校（那須本校）
2010年4月開校・栃木県那須郡（男女共学・全寮制）
TEL **0287-75-7777**
公式サイト **happy-science.ac.jp**

関西中学校・高等学校（関西校）
2013年4月開校・滋賀県大津市（男女共学・寮及び通学）
TEL **077-573-7774**
公式サイト **kansai.happy-science.ac.jp**

幸福の科学大学
TEL **03-6277-7248**（幸福の科学 大学準備室）
公式サイト **university.happy-science.jp**

仏法真理塾「サクセスNo.1」 TEL **03-5750-0747**（東京本校）
小・中・高校生が、信仰教育を基礎にしながら、「勉強も『心の修行』」と考えて学んでいます。

不登校児支援スクール「ネバー・マインド」 TEL **03-5750-1741**
心の面からのアプローチを重視して、不登校の子供たちを支援しています。
また、障害児支援の**「ユー・アー・エンゼル！」運動**も行っています。

エンゼルプランV TEL **03-5750-0757**
幼少時からの心の教育を大切にして、信仰をベースにした幼児教育を行っています。

シニア・プラン21 TEL **03-6384-0778**
希望に満ちた生涯現役人生のために、年齢を問わず、多くの方が学んでいます。

NPO 活動支援

学校からのいじめ追放を目指し、さまざまな社会提言をしています。また、各地でのシンポジウムや学校への啓発ポスター掲示等に取り組む一般財団法人「いじめから子供を守ろうネットワーク」を支援しています。

公式サイト **mamoro.org**
相談窓口 **TEL.03-5719-2170**
ブログ **blog.mamoro.org**

政治

幸福実現党

内《ない》憂《ゆう》外《がい》患《かん》の国難に立ち向かうべく、二〇〇九年五月に幸福実現党を立党しました。創立者である大川隆法党総裁の精神的指導のもと、宗教だけでは解決できない問題に取り組み、幸福を具体化するための力になっています。

党員の機関紙「幸福実現NEWS」

TEL 03-6441-0754
公式サイト hr-party.jp

出版メディア事業

幸福の科学出版

大川隆法総裁の仏法真理の書を中心に、ビジネス、自己啓発、小説など、さまざまなジャンルの書籍・雑誌を出版しています。他にも、映画事業、テレビ・ラジオ番組の提供など、幸福の科学文化を広げる事業を行っています。

アー・ユー・ハッピー？
are-you-happy.com

ザ・リバティ
the-liberty.com

幸福の科学出版

TEL 03-5573-7700
公式サイト irhpress.co.jp

THE FACT

ザ・ファクト
マスコミが報道しない「事実」を世界に伝えるネット・オピニオン番組

Youtubeにて
随時好評配信中！

ザ・ファクト 検索

入会のご案内

あなたも、幸福の科学に集い、ほんとうの幸福を見つけてみませんか？

幸福の科学では、大川隆法総裁が説く仏法真理をもとに、
「どうすれば幸福になれるのか、また、
他の人を幸福にできるのか」を学び、実践しています。

入会

大川隆法総裁の教えを信じ、学ぼうとする方なら、どなたでも入会できます。入会された方には、『入会版「正心法語」』が授与されます。（入会の奉納は1,000円目安です）

ネットでも**入会**できます。詳しくは、下記URLへ。
happy-science.jp/joinus

三帰《さんき》誓願《せいがん》

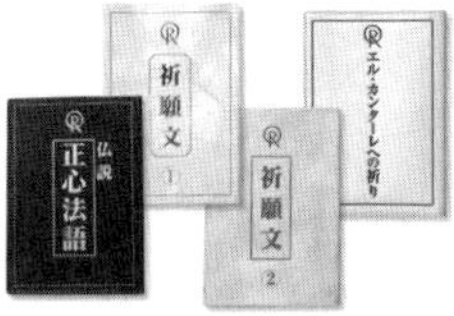

仏弟子としてさらに信仰を深めたい方は、仏・法・僧の三宝への帰依を誓う「三帰誓願式」を受けることができます。三帰誓願者には、『仏説・正心法語』『祈願文①』『祈願文②』『エル・カンターレへの祈り』が授与されます。

植福《しょくふく》の会

植福は、ユートピア建設のために、自分の富を差し出す尊い布施の行為です。布施の機会として、毎月1口1,000円からお申込みいただける、「植福の会」がございます。

「植福の会」に参加された方のうちご希望の方には、幸福の科学の小冊子（毎月1回）をお送りいたします。詳しくは、下記の電話番号までお問い合わせください。

月刊「幸福の科学」

ザ・伝道

ヤング・ブッダ

ヘルメス・エンゼルズ

INFORMATION
幸福の科学サービスセンター
TEL. 03-5793-1727（受付時間 火〜金：10〜20時／土・日：10〜18時）
宗教法人 幸福の科学 公式サイト **happy-science.jp**